Study on the Standardization of Anticorruption Cultural Construction in Expressway Construction Projects

高速公路建设项目
廉政文化建设标准化研究

赵飞跃　胡幼龙　吴跃　著

内 容 提 要

本书通过借鉴和探索，立足高速公路行业实际，从理论和实践两个方面，比较系统地阐述了建设项目廉政文化建设标准化，建立了高速公路建设项目廉政文化标准化模型；在实务操作层面，引入系统工程理论和 ISO 9000 质量管理体系标准，建立了高速公路建设项目廉政文化建设的通用工作模式、考评办法和模式的自我完善机制（即评估体系），并对如何应用模式提供了指南和实例。

本书可供从事公路建设的各级管理人员使用。

图书在版编目（CIP）数据

高速公路建设项目廉政文化建设标准化研究 / 赵飞跃，胡幼龙，吴跃著．--北京：人民交通出版社，2013．8

ISBN 978-7-114-10772-6

Ⅰ．①高…　Ⅱ．①赵…②胡…③吴…　Ⅲ．①高速公路－基本建设项目－管理－廉政建设－标准化－研究－中国　Ⅳ．①D630．9－65②U412．36－65

中国版本图书馆 CIP 数据核字（2013）第 155416 号

书　　名：高速公路建设项目廉政文化建设标准化研究
著 作 者：赵飞跃　胡幼龙　吴跃
责任编辑：王文华
出版发行：人民交通出版社
地　　址：（100011）北京市朝阳区安定门外外馆斜街 3 号
网　　址：http://www.ccpress.com.cn
销售电话：（010）59757973
总 经 销：人民交通出版社发行部
经　　销：各地新华书店
印　　刷：北京鑫正大印刷有限公司
开　　本：720×960　1/16
印　　张：12．5
字　　数：230 千
版　　次：2013 年 8 月　第 1 版
印　　次：2013 年 8 月　第 1 次印刷
书　　号：ISBN 978-7-114-10772-6
定　　价：39．00 元

前　言

党风廉政建设关系到国家兴衰和政权存亡，党中央高度重视。抓廉政建设必须抓廉政文化建设。廉政文化建设已成为各级管理部门的重要工作，特别是在高速公路建设等高风险领域尤其重要。既然是工作，就必然有其规范、标准和流程。一种文化，应当是一个体系，是全方位的、立体的。回顾以往一些廉政文化建设的做法，局限于宣传教育层面的居多，未能将制度、监督、惩处和工作目标上升到文化层面，与宣传教育很好地结合，建立诸方面相互作用、相互促进的廉政文化建设工作体系，效果大打折扣。有感于此，本书着眼于完善高速公路行业惩治和预防腐败体系，着力于以文化抓廉政，尝试高速公路建设项目廉政文化建设标准化研究，以期抛砖引玉。

本书通过借鉴和探索，立足高速公路行业实际，从理论和实践两个方面，比较系统地阐述了建设项目廉政文化建设标准化，建立了高速公路建设项目廉政文化标准化模型，即由廉政教育文化、廉政职业文化、廉政制度文化、廉政监督文化、廉政服务文化“五个文化”和思想理论体系、内部控制体系、外部监督体系、廉洁诚信体系和效力评估体系“五个体系”组成。“五个文化”的基本关系是：教育文化是形式，职业文化是标准，制度文化是规范，监督文化是措施，服务文化是目的。本书讨论的廉政文化建设，就是应用标准化研究成果，以构建“五个体系”为主线，打造“五个文化”。在实务操作层面，引入系统工程理论和 ISO 9000 质量管理体系标准，建立了高速公路建设项目廉政文化建设的通用工作模式、考评办法和模式的自我完善机制(即评估体系)，对如何应用模式提供了指南和实例。

廉政文化和其他先进文化一样，依靠先进的理念和科学的规范去熏陶人、影响人，具有明显的时代性，高速公路建设项目廉政文化建设的标准化，随着社会发展，需要不断创新、完善和发展。

限于作者的水平，书中不足和错误之处在所难免，恳请广大读者批评指正。

作者

2013 年 5 月

前　言

作者
2013年5月

目 录

第1章 绪　论

坚决惩治腐败和有效预防腐败，大力加强廉政建设，是中国共产党和中国政府的一贯主张。[1] 进入21世纪，特别是“十一五”以来，由于我国经济体制、社会结构、利益格局和人们的思想观念正在发生深刻变化，各种社会矛盾凸显，各方面体制机制还不完善，一些领域的腐败现象仍然易发多发，有的案件涉案金额巨大，违法违纪行为趋于隐蔽化、智能化、复杂化，当前和今后一个时期，反腐败工作形势依然严峻，任务依然繁重。党的十八大工作报告指出，反对腐败、建设廉洁政治，这个问题解决不害，甚至亡党亡国，强调要加强廉政建设和廉政文化建设。

廉政建设离不开廉政文化建设。廉政文化建设是廉政建好，就会对党造成致命伤设的重要内容，是以廉洁为核心内容、以文化为载体的建设工程，是廉政建设的有机结合。它的最大特点和优势就是把廉洁政治性要求通过文化的形式渗透到社会的方方面面，渗透到人的头脑中。任何工作都有其模式和标准，廉政文化建设也不例外。标准化意味着规范和效力，意味着系统和效率。进行廉政文化建设标准化研究，系统地建立工作标准，形成一种模式，对廉政文化建设具有重要的战略意义。而分析当前的廉政文化建设，其系统性不够充分，其标准化研究也比较有限，导致廉政文化建设的效力、效率和效果不够明显，甚至出现偏差，严重影响廉政建设和廉政文化建设，因此，有必要开展廉政文化建设标准化研究。

本书讲述的内容是高速公路建设项目的廉政文化建设。高速公路行业属于关系到社会发展和人民利益的重要行业，加强廉政建设和廉政文化建设非常重要。高速公路建设资金大量聚集，参建队伍众多，人员成分复杂，系统体系支点和节点繁多，运行机制复杂，这些因素结合在一起，滋生腐败的风险大，这对廉政建设提出了更高的要求。这也就进一步要求高速公路行业推行廉政文化建设标准化，以更好更快地推进廉政建设、队伍建设，为高速公路建设和发展保驾护航，为其提供永续的强力支撑。

笔者基于湖南高速公路跨越式大建设和大发展，在廉政文化建设方面有针对性的探索和实践，着眼于廉政文化建设标准化的战略性和重要性，特进行研究，以期达到以下目的：

---

[1]《中国的反腐败和廉政建设》白皮书，2010年12月29日。

一是基于廉政建设和廉政文化建设，讨论构建高速公路建设项目廉政文化建设的一般范式，以及廉政文化建设标准化的一般范式，重点突出廉政文化建设的通用性模式构建和工作标准探索，丰富当代廉政建设和廉政文化建设研究。

二是提升高速公路廉政建设的效力。高速公路建设项目廉政文化建设标准化的研究具有普遍指导性意义，可以用来具体指导高速公路廉政建设和廉政文化建设，以此，推动高速公路的组织建设、队伍建设和文化建设，助推高速公路事业又好又快发展。

1 廉政文化的内涵

“廉”即廉洁，“政”即国家政权机关及其公务活动，廉政即“廉洁的政治”。但由于有关廉洁的判断标准具有主观性和发展性，政治又是一个需要具体化的时代性概念，所以廉政在不同的语境中和具体范围内呈现多层次的含义。在古代，“廉”为官德，“政”者“正”也，“廉政”的涵义与“廉正”相同。“廉正”的本意为刚直、方正、正直。在当代，廉政属于政治文明的范畴，人们对廉政有各种各样的说法。黄义英[1]、秦馨[2]认为，所谓廉政，就是指廉洁的政治生活，是廉洁的政府和廉洁的社会、廉洁的个人和廉洁的群体以及以廉洁为导向的观念、制度和行为方式的有机统一[3]。更进一步讲，他们认为廉政是所有人的事情。从表面上看，廉政是公职人员运用权力的方式，只与公职人员的特殊身份相关，而从根本上说，政治是所有人的事情，廉政是所有人的政治生活方式。任何人的生存和发展状况都直接或者间接地与公共权力的运用联系在一起，当政治腐败肆意蔓延的时候，没有人的生活是真正高尚的。而在现代社会，在朝的身份和在野的身份、领导的身份和被领导的身份是经常可以互换的。从廉政是所有人的事情出发，可以看出廉政的属性之一是文化性，也就是依附于廉政文化而存在，是多种身份众人从多种视角出发参与而形成的。

文化是一个抽象概念，是由特定人群的生活方式而衍生出的具有联系性、持久性和统一性的流动性概念，涵盖了道德、伦理、规则、法律，也涵盖了艺术、表演、文学等。中国的“文化”，源于先秦而定名于汉代。最早见于先

[1] 黄义英(1970—)，男，广西宾阳县人，广西师范学院政法学院副教授，硕士研究生导师，研究方向：政治文化传统及其现代化。

[2] 秦馨(1969—)，女，广西全州人，广西师范学院政法学院副教授，硕士研究生导师，研究方向：当代中国政府与政治。

[3] 黄义英/秦馨，廉政、廉政文化和廉政文化建设的理论内涵，《前沿》2010 年第 9 期。

秦古籍《周易·贲卦》的彖辞，曰："文明以止，人文也。观乎天文，以察时变；观乎人文，以化成天下"❶，是说以文以德来转化天下。文化有广义和狭义之分。广义的文化可以理解为人类创造的一切物质财富和精神财富的总和，正如钱穆先生在其《文化学大义》中指出，"文化是物质的，集体的，精神的，三部门之融合体"❷，狭义的文化主要是指人类的思想道德建设和科学文化，即人们改造主观世界的能力和成果，与经济和政治相对立，是观念形态的文化，如哲学、宗教、文学、艺术等。文化亦随人类社会实践发展而不断丰富和发展，具有传承性、时代性、阶级性等特征。而在西方，丹尼斯·贝尔把文化分为三类：第一种文化是特定人类的生活方式，属于人类学层面的文化范畴；第二种文化是精英文化，属于艺术的范畴，是贵族传统对精妙艺术形式和高雅艺术的狭窄限定；第三种是指由人类创造和运用的符号形式的领域，主要处理人类生存的意义问题。❸ 换句话说，文化的三个层次分别是广义层次、狭义层次以及微观层次。本书的研究主要从廉政文化的广义层次展开。

从文化的广义范畴出发，胡伟定义的廉政文化是指关于廉洁从政的先进思想道德观念及其指导影响下的廉政制度、组织、体制、机制、社会风气、社会意识形态以及相关的法律规范，也包括人们关于廉政知识、信仰、规范、价值观念和与之相适应的行为方式、社会评价的总和，是政治文明和精神文明的有机结合。❹ 也有人结合文化的作用定义廉政文化是人们关于廉洁从政的思想、信仰、知识、行为规范和与之相适应的生活方式、工作方式和社会评价，从根本上反映着一个阶级、一个政党的执政理念、执政目的和执政方式，是廉洁从政行为在文化和观念上的客观反映。从不同的维度上讲，廉政文化的主要内涵是从政的思想和道德、从政的社会文化氛围、从政人员的职业道德和社会公德。

从廉政的特征和实质出发，有学者认为廉政文化包含四个维度：一是"廉正"，指政府及其官员在履行公务、处理问题的过程中廉洁而公正、正直，不贪污、不受贿、不枉法；二是"廉朴"，指政府及其官员取之于民者少而用之于民者多；三是"廉节"，指政府及其官员在国家管理活动和处理与社会公共事务有关的活动中具有清廉无私的品德或节操，也称廉德；四是"廉制"，即有关廉政的制度。还有学者从廉政的内容出发，认为廉政的基本涵义有四：其一，就"政局"而言，要造就一个公正廉明的政治局面和政治氛围；其二，

---

❶《周易·贲卦》。

❷钱穆，《文化学大义》，台北正中书局，1952。

❸[美]丹尼·斯贝尔，《资本主义文化矛盾》，赵一凡等译，北京三联书店，1989年版，第24、58页。

❹胡伟，腐败文化透视与廉政文化建设，香港大公报，2001年3月25日。

就"政制"而言，要建立廉洁高效的政治制度和法律制度；其三，就"政策"而言，要制定并严格实施确保政治清明的政策和措施，以取信于民；其四，就"政德"而言，要求各级官吏树立廉洁奉公的官德和不贪不淫的私德，以为民之表率。

廉政文化的系统性分析，则有学者认为它至少应该涵盖四个基本范畴：一是指廉洁从政的思想道德要求，作用于执政者的内心世界，形成廉洁从政的文化动力；二是指在全社会营造良好的廉洁从政的文化氛围，形成以廉为荣、以贪为耻的社会风尚，用健康向上、追求清廉的文化充实人们的精神世界；三是指各职业阶层的从业人员恪守职业道德、爱岗敬业、廉洁自律、奉公守法的职业文化；四是广大人民群众追求公平正义、安定有序、诚信友爱的社会境界在心理上的一种文化反映。

2 廉政文化的作用

文化是一个宏观概念，体现了一种联系性、持久性和统一性，如雷蒙·威廉斯认为"文化分析在本质上就是对生活或作品中被认为构成一种永恒秩序，或与普遍的人类状况有永久关联的价值的发现和描写"❶。而杰姆逊则将此定义为与自然相对的"文化了的人类所进行的一切活动"❷。如果将文明比作一个胚胎，那么文化就是胚胎周围的羊水，这就是文化对文明的作用。它的更重要的作用在于产生文化认同。文化认同向内产生凝聚力、影响力和约束力，文化认同向外则产生监督功能和批判功能。廉政文化作为文化的一种，同样在廉政内部形成廉政的文化内涵和廉政的文化维度，从而在理念上和行为上影响着廉政建设。

党风廉政建设和反腐败斗争，包含三个层次的内容。一是党风建设，主要解决思想、作风和素质问题。二是廉政建设，主要解决体制、制度和从政行为问题。三是反腐败斗争，主要解决惩治和监督问题。这三个层次的内容，相互联系，不可偏废，而首要的是抓好党风建设。加强党风廉政建设和反腐败斗争，途径之一，就是大力加强廉政文化建设。预防腐败，重在抓"制度反腐"，但同时要抓"文化反腐"。更何况，制度本来就是文化的一种，而文化的作用和影响比制度更为广泛、更为持久。腐败现象可怕，但最可怕的是腐败获得一种文化上的支持，成为一种文化形态，即腐败文化。腐败文化巨大的

---

❶[英]雷蒙·威廉斯，《文化分析》，转引自罗钢、刘象愚主编：《文化研究读本》，中国社会科学出版社，2000年版，第125页。

❷[美]佛雷德里克·杰姆逊，《后现代主义与文化理论》，唐小兵译，陕西师范大学出版社，1986年版，第2页。

腐蚀力，致使许多国家由兴到衰、由腐到败。廉政文化则能有效地消融“腐败文化”。纵观当今世界，廉政文化昌盛与否已不仅仅是一个社会政治文明的基本表现，也直接关系到一个国家的经济、文化和社会的和谐发展。凡是腐败案件较少的国家和地区都是廉政文化建设搞得比较好的国家和地区。芬兰被称为世界“清廉之邦”，究其原因在于坚持不懈地抓好多层次的廉政教育，清正廉洁已经融入了芬兰民族精神，升华为一种文化品格，廉政文化和行之有效的监督机制起到了重要作用。要建立“不易”腐败的防范机制、“不能”腐败的约束机制、“不敢”腐败的惩治机制、“不需”腐败的保障机制、“不愿”腐败的自律机制的社会，就要靠营造文化舆论氛围，靠潜移默化影响，靠社会感染力和公众的力量去推动。通过廉政文化奠定反腐倡廉的基础防线，形成廉政制度的有效补充和凝聚力量的情感纽带，使全体社会成员尤其是党员干部在先进文化氛围中得到教化培养，引导人们树立正确的世界观、人生观、价值观，规范从政行为，增强拒腐防变的能力，提高党和政府的权威性和公信力。

就廉政文化对队伍建设的主要作用与功能，目前学术界的论述一般比较一致，黄明哲❶、刘光峰❷、张孟英❸、刘永丰❹等的论述大同小异，其核心主要是预防腐败的功能。分开来说，包括以下几点：廉政文化具有导向功能。它起着弘扬主旋律，鼓舞和凝聚人心的作用，对人们树立正确的世界观、人生观、价值观具有不可替代的作用，尤其是在当今世界社会成分的多元化、利益主体的多元化，使文化也呈现多元化状态，而文化的多元化不仅仅表现为传播手段的多样化。而且还表现为形式上的多元化。它赞成什么、反对什么都具有鲜明的指向性，可以让人民群众在获取各种信息的过程中“自觉不自觉地接受文化的熏陶”，从而使人们思想和行为带有明显的倾向性。廉政文化具有熏陶功能。廉政文化是一种先进文化，而先进文化来源于社会生活，又渗透于社会生活，陶冶着人们的精神和灵魂，改变着人们的生活方式，是推动人类社会前进的精神动力和强力支持，对人们的思想认识和道德情操起着潜移默化、感染熏陶的作用。廉政文化具有约束功能。党员领导干部的行为是受其思想、精神和灵魂支配的，廉政文化作为先进文化的重要组成部分，是时代发展的一种精神力量和观念力量，可以通过一系列的价值观念来约束和控制人的能力行为。廉政文化具有凝聚功能。廉政文化不同于一般的社会

---

❶黄明哲(1964—)，男，江西宁都县人，中共江西赣州市委党校副校长，教授，主要从事执政党建设研究。

❷刘光峰(1972—)，女，江西南康市人，江西理工大学副教授，硕士研究生导师。

❸张孟英，女，成都理工大学教辅党委副书记，副教授。

❹刘永丰(1949—)，男，成都理工大学纪委副书记、监察审计处处长，副教授。

文化，它是一种文化体系，一种廉政理念，能使全体社会成员尤其是广大党员干部在同一类型和模式中得到教育、培养，从而以相同的价值观念、思维模式、行为方式使广大党员干部在不同层次上联系起来、聚集起来，使整个队伍因同一文化渊源而形成强大的向心凝聚力量。廉政文化具有批判功能。文化是一种软环境，从文化的角度来审视廉政，以廉政的尺度来评判社会，是廉政文化的重要特征，廉政文化不仅是一种道德观念，还是一种价值尺度，一个社会的廉洁氛围浓厚，是衡量这个社会的一个重要指标。廉政文化具有舆论监督的功能。舆论监督在当今社会发挥着越来越重要的作用，腐败现象往往不得人心，所以最怕公众和社会舆论，而廉政文化是廉政特殊性与文化普遍性的有机统一。它往往利用文化建设的形式、载体、阵地等资源开展廉政思想的宣传教育活动，廉政文化的监督作用不是直接监督，而是在于它能唤起人们的监督意识，能产生强大的感召力而激起人们去监督。[1][2]

3 廉政文化建设的目标

笔者认为，一种文化的形成，从形态来讲，包括有形和无形两个层面。基本的形态是有形，看得见、摸得着，是物的形态；高级的形态是无形的，看不见、摸不着，但又能真实地感受到，是意识的形态。一个事物，只有实现了在内涵上有形和无形的高度统一，才能说真正形成了某种文化。其关系就是物质和意识的辩证关系。打造高速公路廉政文化的最终目标应当是培育无形的廉政文化，即让高速公路建设者、管理者、经营者普遍形成遵守廉政规定、参与廉政监督、接受廉政监督的强烈意识和自觉行为。主要措施是通过打造有形的廉政文化，培育无形的廉政文化。有形的廉政文化就是在教育、制度、监督、惩处方面制定工作规范和工作标准，构建、实施廉政文化建设的工作模式，并在实践中不断完善。

4 廉政文化建设的主要任务

要把确立廉政价值观作为廉政文化建设的首要任务，这是提高廉政文化建设的层次和品位，推进廉政文化建设科学发展的关键所在。

要培育坚定的廉洁从政的理想信念。“志正则众邪不生”、“志不正则众邪生”。廉洁从政的理想信念是廉政价值观的重心。要从坚定中国特色社会主义

❶黄明哲/刘光峰，廉政文化建设论纲，武汉理工大学学报：社会科学版，2005年第6期。
❷张孟英/刘永丰，廉政文化及其作用机理，西南民族大学学报：人文社科版，2005年第12期。

理想信念的高度坚定廉洁从政的理想信念，从党员干部的特殊视觉去坚定廉洁从政的理想信念。党员干部在一定程度上代表着党的形象和群众的利益，必须对廉洁从政的理想信念有一种矢志不移、执著追求的精神。

要培育高尚的廉洁从政的道德操守。廉洁从政是以高尚的道德操守和文化底蕴为基础的，没有高尚的道德操守，廉洁从政就是一句空话。廉洁从政的道德操守集中体现在用权道德上，如果用权无道、用权失德，就会使公权力不公，就很容易导致权力异化、权力私有化，就会立党立不牢，执政执不好。这就要坚持用权为公，用权为民，真正做政治上的明白人、道德上的纯洁人、经济上的清白人、作风上的正派人。

要培育纯正的廉洁从政的心理素养。当前尤其要破除"羡腐心理"，坚信腐而必败、小腐小败、大腐大败的道理，防止由羡到腐、由腐到败。要破除"侥幸心理"，只要腐败就会侥而不幸。要破除"攀比心理"，党员干部应该做到不比资历比能力，看谁科学发展的办法多；不争功劳争奉献，看谁和谐发展的贡献大；不图形式图实绩，看谁率先发展的意识强，使整个社会形成风清气正的良好氛围。

要培育健康的廉洁从政的文化情趣。一些人的嬗变往往是从不健康的文化情趣打开缺口而越陷越深的。特别是在新的历史条件下，各种文化情趣对党员干部的从政思想和从政行为的影响不可低估。要始终用健康的文化心态和文化情趣战胜那种不健康的低俗风气，特别是要加强各级领导干部廉洁自律、淡泊名利、恪守宗旨、勤政为民的教育和公共伦理观念的教育。前者是官德，后者是公德。在公共伦理中，官德具有特殊的重要性，是赢得民心、民意的重要砝码。

5 高速公路建设项目廉政文化建设标准化研究的基本思路

各种研究表明，无论东方还是西方，廉政文化建设的标准化模式必须基于其核心理念来构建，其标准、基础和目标都是公平正义的公共精神，这是文化的特征决定的，也是廉政的本质决定的。只是东西方的理念表达和实现途径不同。

5.1 廉政文化建设的主要原则

廉政文化建设要把握时代要求、坚持岗位特色，按照科学筹划、科学指导、科学组织、科学实施的思路，坚持科学理论指导、贯彻以人为本要求、围绕中心服务大局、注重增强实际效果、加强实践活动培育、积极推进改进创新等。

廉政文化建设必须全面贯彻落实科学发展观。坚持以人为本，不仅是廉政文化建设的具体原则，更是终极取向。要注重研究和把握人们不同阶段的思想状况，及时开展有针对性的随机教育、预防教育。教育对象要区分不同层次，使廉政意识作为对每个社会成员的要求，作为党员干部立党为公、执政为民的价值取向。

坚持全面协调、可持续发展。首先是全面性，开展形式多样的廉政文化活动，增强廉政文化的渗透力。其次是协调性，充分发挥反腐倡廉"大宣教"格局的作用，合理配置资源，把廉政文化建设与其他工作有机结合，协调推进。另外是可持续性，建立和完善廉政文化建设长效机制，持之以恒，常抓不懈。

坚持统筹兼顾，既体现在廉政文化的推动力量能够各司其职、各负其责，又要认清形势、找准方法，整合廉政文化建设资源，拓展廉政文化建设阵地，扩大廉政文化覆盖面，以文化为纽带，把廉政建设的各项工作融合起来，用廉政文化占领思想文化领域，形成"以廉为荣、以贪为耻"的良好风尚，有效防止腐朽文化的思想渗透。

5.2 廉政文化建设的主要细则

根据廉政文化的特征，有学者深入细化廉政文化建设的各个维度，认为加强廉政文化建设应着力把握以下细则：第一是服务中心。要把廉政文化建设和党的中心工作结合起来，将廉政文化建设融入到经济建设、政治建设、文化建设、社会建设中去，在各项建设中进行廉政建设，以廉政文化促进各项建设的顺利开展。第二是长效原则。廉政文化建设是长期行为，不可能一朝见效。要从以下几个方面建立廉政文化建设的长效机制：一是建立由党委领导、党政主要领导挂帅的廉政文化建设领导机制；二是整合廉政文化资源，发挥纪委协调作用，加强党政职能部门、各民主党派以及司法机关的密切配合、通力协作，建立联系会议协调制度，明确各相关单位的分工负责，搞好目标定位和任务分解，同时，督查和检查工作落实情况，使廉政文化建设健康有序地开展；三是将廉政教育纳入各级党委宣传教育工作的总体规划和年度培训计划；四是建立激励机制，结合工作实际，制定相关的激励条例，对领导重视、工作有创新、实际效果好的部门和单位给予必要的物质和精神奖励，对领导不重视、工作拖拉的部门和单位给予及时的批评教育。第三是资源有效利用原则。充分利用一切有效载体为廉政建设服务，在党风廉政建设教育已有形式的基础上充分发挥党报党刊、广播电视、网络等现代先进技术的传媒作用，将廉政文化融入党建阵地和精神文明建设场所。第四是广泛性原则。要拓宽廉政文化教育的覆盖面，要面向全体党员干部加快廉政文化的

“六进化”，即廉政文化进社区、进学校、进家庭、进企业、进农村、进机关，方式上要贴近生活、贴近实际，使廉政文化建设具有广泛的参与性，有广泛而浓厚的群众基础，以保持其长久的生命力。第五是强调可塑性。要探索廉政教育内容的艺术化和多样化，从民族文化的优秀传统中、从广阔世界的多彩生活中、从反腐倡廉的生动实践中充分吸收养料，丰富内容，坚持百花齐放，力求雅俗共赏，让廉政文化在潜移默化中让人受到教育、受到启迪。第六是强调普及性。形式上要生动活泼、群众喜闻乐见，使廉政文化具有广泛的普及性。要通过生动活泼、喜闻乐见的文化形式，在满足人民群众反腐心理期待的同时，弘扬正气、鞭挞腐恶，达到深化教育、纯化民俗、净化民心的作用。第七是古为今用、洋为中用。一方面要坚持对传统廉政文化加以认真研究，吸取传统廉政文化的精髓，剔除糟粕，发掘其中的价值，创造与时代发展需要相适应的文化；另一方面，坚持批判性地学习，吸收其他民族的精华，坚持洋为中用，以时代需要和人民群众的精神文化生活需要为标准，大胆拿来、大胆创新，努力促进廉政文化建设。

5.3 廉政文化建设的主要维度

价值核心。廉政文化建设首先就应该建立文化价值核心，这样廉政文化才能够具有指向性，没有核心就没有文化的形成。现阶段，中国的廉政文化价值核心应该是全心全意为人民服务，廉政文化的所有内容都应该围绕这个核心来建设，廉政建设和廉政文化建设也都是为这个核心服务的。

最高宗旨。廉政文化建设如果没有宗旨就没有价值判断标准和尺度，对与错就无从分辨，优与劣就无法取舍，廉政文化也就无法抵达其最终的理念指向。从古至今，所有的廉政文化都只有一个宗旨，那就是公平正义，失去了公平正义，廉政也就不再是廉政，自然，廉政文化也就不复存在。

科学理念与机制完善。领导体制与工作机制，包括廉政文化相关的规章制度和运行机制建设。在中国，反腐败和廉政建设的职能机构，主要有中国共产党纪律检查机关、国家司法机关、政府监察机关和审计机关以及国家预防腐败局。同时，通过体制改革和制度创新防治腐败。改革开放特别是进入21世纪以来，中国坚持用发展的思路和改革的办法预防和治理腐败。针对容易滋生腐败的重点领域和关键环节，大力推进体制改革和制度创新，建立适合时代发展要求的新体制、新机制，努力从源头上防治腐败。深化行政审批制度改革；推进干部人事制度改革；深化司法体制和工作机制改革；加快投资体制改革等。❶

---

❶摘录自2010年12月《中国的反腐败和廉政建设》。

监督理念与权力制约。注重权力制约和权力监督，促进权力的制衡，以及行政行为的阳光透明。中国按照结构合理、配置科学、程序严密、制约有效的原则，逐步建立健全决策权、执行权、监督权既相互制约又相互协调的权力结构和运行机制，推进权力运行程序化和公开透明，加强对权力的制约和监督。目前，已形成了由中国共产党党内监督、人大监督、政府内部监督、政协民主监督、司法监督、公民监督和舆论监督组成的具有中国特色的监督体系。各监督主体既相对独立，又密切配合，形成了整体合力。

德治精神与以人为本。坚持贯彻落实科学发展观，坚持马克思主义思想理论体系，注重廉政主体的教育与培养，重视廉政文化建设，以狭义的廉政文化建设为广义的廉政文化建设服务，以精神鼓舞人，以理念塑造人。以人为本，全面提升廉政主体组织的整体精神面貌和运行效力，以及廉政主体人的素质和道德水平。

法治精神与政策法规。重视法治廉政建设和廉政文化建设中的作用，完善反腐败和廉政建设政策法规体系。中国坚持依法治国基本方略，重视发挥法律法规制度的规范和保障作用，不断推进反腐败和廉政建设法制化、规范化。以中国宪法为依据，制定了一系列反腐倡廉法律法规；以中国共产党章程为依据，制定了一系列中国共产党党内制度规定，逐步形成内容科学、程序严密、配套完备、有效管用的反腐败和廉政建设法律法规制度体系。[1]

5.4 廉政文化建设的工作要点

创新廉政文化建设，必须坚持紧贴时代发展、紧贴职能任务、紧贴干部实际，以使廉政文化建设与时代发展同步伐，与职能任务相适应，与干部思想实际相符合。把廉政文化建设与思想教育、纪律教育、法制教育结合起来，与社会公德、职业道德、家庭美德、个人品德教育结合起来，从精神追求、制度建设、物质载体和表现形式等方面，构建反映时代特征和发展要求的廉政文化体系。

要坚持系统性，统筹规范廉政文化建设的各个方面。既要统筹规范党员领导干部的廉洁自律意识和行为，又要统筹规范社会各类人员的思想政治教育，覆盖廉政教育对象的各个层次。要统筹规范廉政文化建设的各个要素，包括指导思想、目标、任务、原则、内容、制度、形式、方法、实施、保障、领导体制和职责等主要方面和环节，把正面教育、警示教育、岗位教育贯穿廉政文化建设的全过程。

要坚持开放性，体现全方位育人的大教育观。顺应时代发展要求，坚持

[1]摘录自2010年12月《中国的反腐败和廉政建设》。

全方位育人的大文化观，形成多种资源、多种渠道、多种手段建设廉政文化的格局。改革开放以来，面对经济全球化、社会信息化的发展趋势，面对各种思想文化的相互激荡，人们受各种思想观念影响的渠道明显增多，程度明显加深，人们思想活动的独立性、选择性、多变性、差异性明显增强。要适应思想文化传播途径的多元化和党员干部思想变化的新特点，在拓展廉政文化领域和渠道方面进行积极探索，积累成功经验。

要坚持创新，推动廉政文化建设不断加强和改进。要丰富廉政文化理论和实践，改进内容和方法，创新载体和手段，完善制度和机制，着力建设理想信念、历史使命、知荣明耻、崇廉尚俭、遵规守纪、明礼诚信、团结和谐、怡心陶情等系列文化，打造更多体现时代精神、体现科学精神、体现创新精神、彰显廉政内涵的廉政文化建设品牌。

6 廉政文化建设标准化研究的主要内容

着眼于廉政文化建设的内涵和基本要求，以及廉政文化建设与廉政建设的关系，讨论高速公路建设项目廉政文化建设通用模式的一般范式。首先，重点论述以廉政文化为抓手，统领企事业单位纪检监察工作，包括：将党风廉政建设上升到文化层面，打造高速公路行业廉政文化；把廉政文化融入行业文化建设中，贯穿高速公路建设发展始终，即廉政文化是高速公路行业文化的重要组成部分。廉政教育、廉政监督贯穿于各项工作的始终，辐射到八小时之外；从文化的视角完善反腐倡廉体系，深入推进党风廉政建设发展，包括建立工作标准，完善预防机制等；以开展科学标准的廉政文化建设，提升高速公路队伍建设质量，即打造廉政文化，浓厚廉政氛围，强化廉政勤政意识，使高速公路干部职工和项目建设从业人员形成遵纪守法、廉洁从业、爱岗敬业的自觉行为，增强自律和他律的实时性和成效。其次，以廉政建设为目的，确立廉政文化的内涵与本质，包括：廉政建设是党的生命线，决定了廉政文化的忧患意识；廉政建设要与时俱进不断发展，决定了廉政文化的创新属性；廉政建设要以全心全意为人民服务为核心，决定了廉政文化的价值取向；高速公路建设项目廉政建设要围绕项目建设的主体展开，决定了廉政文化的行业文化内涵。最后，基于各种研究和实践，重点讨论和提炼高速公路建设项目“廉政理念”，构筑廉政文化建设通用模式。

7 主要成果

构建形成高速公路建设项目廉政文化建设通用模式，其核心内容由五个模块组成，即打造廉政教育文化、廉政职业文化、廉政制度文化、廉政监督文化、廉政服务文化“五个文化”的通用工作模式。“五个文化”的基本关系为：教育文化是形式，职业文化是标准，制度文化是规范，监督文化是措施，服务文化是目的。构建“五个文化”通用工作模式的具体工作思路是，围绕思想理论体系、内部控制体系、外部监督体系、廉洁诚信体系和效力评估体系“五个体系”来进行。其中，思想理论体系是指导党风廉政建设的理论依据，是构建模式的指针；建立内部控制体系、外部监督体系、廉洁诚信体系既是在实际效果上真正营造出廉政文化的具体措施，又是构建“五个文化”的具体方法，必须在“五个文化”的模式中得到充分体现；效力评估体系是整个模式的自我检查测评和自我完善的工作机制。总体来讲，打造“五个文化”是目标，构建“五个体系”是方法。

第2章 高速公路建设项目廉政文化建设通用模式

1 主题内容与适用范围

1.1 主题内容

本模式引入 ISO 9000 质量管理理念，结合高速公路实际，规定了将高速公路建设项目的廉政建设上升到文化层面和各个领域的通用做法、工作项目和工作标准，从文化的角度探索廉政建设模式，打造具有高速公路行业特色的廉政文化，推进高速公路反腐倡廉建设的深度和广度，形成长效机制。

1.2 适用范围

1.2.1 本模式适用于高速公路建设项目

1.2.2 本模式具有可剪裁功能

项目建设单位应在本模式规定的工作项目及其要点和符合国家规定的条件下，根据建设项目的实际情况，按照《高速公路建设项目廉政文化建设通用模式应用指南》要求进行剪裁，确定相应的工作项目和采用这些工作项目的程度。不允许剪裁成一个没有廉政文化建设实质内容的模式。

2 引用文件

有关党风廉政建设的法律、法规、规章和规范性文件，以及《高速公路建设项目廉政文化建设通用模式应用指南》等。

3 术语

3.1 剪裁

对模式中各项要求进行分析和选择，必要时进行修改、删减和补充，以确定并形成适合于项目廉政文化建设的最低要求过程。

3.2 文化

文化是由特定人群的生活方式而衍生出的具有联系性、持久性和统一性的流动性概念，涵盖了道德、伦理、规则、法律，也涵盖了艺术、表演、文学等。文化有广义和狭义之分。广义的文化可以理解为人类创造的一切物质财富和精神财富的总和；狭义的文化主要是指人类的思想道德建设和科学文化，即人们改造主观世界的能力和成果，与经济和政治相对立，是观念形态的文化。文化亦随人类社会实践发展而不断丰富和发展，具有传承性、时代性、阶级性等特征。

3.3 廉政文化

3.3.1 廉政文化的定义

廉政文化是关于廉政的知识、信仰、规范、价值观和与之相适应的行为方式、社会评价的总和，是廉政建设与文化建设相结合、政治文明和精神文明有机融合的产物。廉政文化是文化大概念的一个分支，寓于文化的大系统之中。高速公路工程项目廉政文化是廉政文化的一个分支，是高速公路行业文化的重要组成部分。

廉政文化作为文化形态，以先进的廉政理论为统领，以先进的廉政思想为核心，以先进的廉政制度为基础，以富有时代特色的载体来表现，具有深厚的历史渊源、广博的文化知识和丰富的社会实践，反映了当代中国先进文化的价值取向，是当代中国先进文化的有机组成部分。

3.3.2 廉政文化的内涵和特征

廉政文化以"廉政"为主题，围绕"廉政"开展一系列反腐倡廉活动，其目的在于引导党员干部树立正确的世界观、人生观、价值观。概括地讲，廉政文化的内涵主要表现为：崇高的理想信念、高尚的道德情操和良好的行为规范。

廉政文化是推进廉政建设的重要精神力量，是抑制腐败滋生的有力武器，具有引导人、教育人、塑造人、激励人和鼓舞人的作用。其主要特征是：先进的思想性、鲜明的时代性、自律的规范性、他律的有效性和诲人的警示性。

3.4 廉政文化建设

廉政文化建设是以廉洁为核心内容、以文化为载体的建设工程，是廉政建设与文化的有机结合。它的最大特点和优势就是把廉洁政治性要求通过文化的形式渗透到社会的方方面面，渗透到人的头脑中。在高速公路工程建设领域，就是把廉洁从业的要求在项目建设的各个方面得到全面充分的体现，在全体参建人员的脑中深深扎根，使廉洁自律和参与廉政监督成为每个人的自觉行为。

3.5 廉政文化建设通用模式

廉政建设的深度发展形成廉政文化，廉政文化的不断发展促进廉政建设。从文化层面来讲，廉政文化涵盖了廉政建设的各个方面，而且随着廉政建设的不断深入，廉政文化日益丰富。廉政文化建设是用文化的视角和方法来探索、研究廉政的理念、制度、行为、表现等，并用鲜活的文化形式来进行推介和传播。从有效指导工作出发，加强廉政文化建设，就有必要研究出一套廉政文化建设模式，建立工作标准和流程。

当前，关于廉政文化建设的讨论很多，实践也很多，但是，廉政文化建设的标准化和模型化并没有真正形成，具体则表现在廉政文化的体系化、契约化和职业化不够。基于文化的特性，廉政文化正是廉政在广泛文化范畴内的抽象表征。笔者认为，可以这样界定：廉政建设的深度发展形成廉政文化，廉政文化的不断发展促进廉政建设。那么，廉政建设的模型实际上蕴涵于廉政文化的模型，廉政文化的模型实际上则要体现廉政建设的模型。它们是统一的，同质的。

建立高速公路建设项目廉政文化建设通用模式的总体思路是：将廉政文化建设通用模式作为构建惩治和预防腐败体系的重要内容，以文化为抓手，全面推进党风廉政建设；打造具有高速公路行业特色的廉政文化，强化干部职工廉洁自律和爱岗敬业意识，树立正确的荣辱观，增强向心力和凝聚力；从文化的视角审视反腐倡廉建设，查找薄弱环节，完善惩预机制；将廉政文化建设具体化、标准化，推进反腐倡廉建设的规范化、科学化；以创新为灵魂，适应新形势，努力做到廉政教育、廉政监督贯穿于各项业务工作的始终，辐射到八小时之外。

3.6 高速公路建设项目廉政文化建设通用模式的基本模型

基本关系：教育文化是形式，职业文化是标准，制度文化是规范，监督文化是措施，服务文化是目的。思想理论体系、内部控制体系、外部监督体系、廉洁诚信体系是主线，融入这五个文化之中；效力评估体系是模式的自检和自我完善机制。打造“五个文化”是目标，构建“五个体系”是方法。廉政文化体系模型示意图见图 2-1。

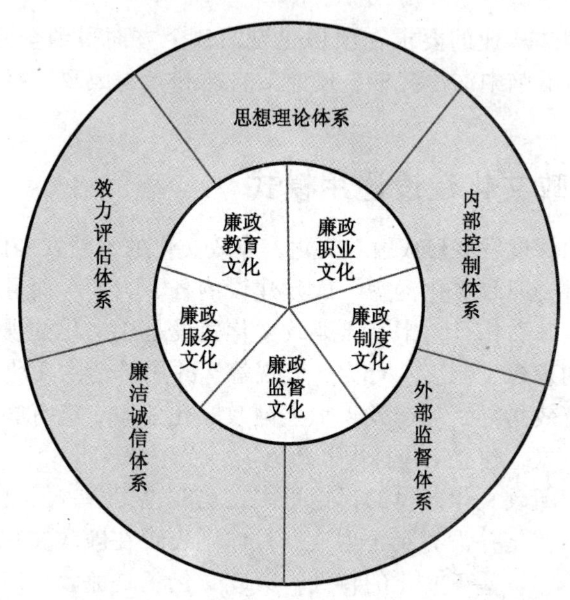

图 2-1　廉政文化体系模型示意图

4　一般要求

4.1　廉政理念

廉洁是忠，廉洁是孝，廉洁是一种责任。

4.2　廉政文化的建设目标

打造有形的廉政文化，培育无形的廉政文化。

通过建立廉政文化建设工作规范和标准，监督规范和标准的执行，推进廉政文化建设常态化，形成浓厚的廉政氛围，提高社会和群众监督的参与率，促进高速公路干部职工廉洁自律、勤俭敬业，始终保持党员干部队伍的纯洁性。

4.3　高速公路建设项目廉政文化建设模式的架构要素

4.3.1　思想理论体系

1）基本理论

始终坚持以马克思主义、毛泽东思想和具有中国特色的社会主义理论体系为指导，坚持党的路线、方针、政策。

2）廉政理论

企业廉政文化建设要接受廉政理论的指导，要始终坚持洋为中用、古为今用、他为我用、促我发展的原则，吸收世界范围内廉政理论、我国历史上廉政思想、不同行业廉政经验的营养成分，完善自我，形成特色，促我发展。

3）管理理论

行业廉政文化建设说到底是文化建设，必须接受文化管理理论的指导，遵循文化运行的一般规律，突出行业廉政文化的内涵和特征。这里选取 ISO 9000 国际质量标准作为廉政文化建设的管理工具和模式的表现形式。廉政文化建设的实际需要与 ISO 9000 国际质量管理体系标准特性是相吻合的。ISO 9000 国际质量管理体系标准主要有质量策划、控制、实施、改进和通用五大基本原理，强调全员化、文件化、程序化和记录化，行业廉政文化建设具有以上同样的要求，也都需要有效解决廉政文化建设中每一项工作的“6W1H”问题，即 who（谁来做）、where（在哪里做）、what（做什么）、when（什么时候做）、why（为什么做）、whom（为谁做）、how（怎么做）。同时，廉政文化建设模式与质量管理两者的工作项目都需要有可剪裁性。在模式规定的工作项目及其要点和符合国家有关规定的条件下，模式内容根据实际需要应当能够剪裁，以确定相应的工作项目和采用这些工作项目的程度。因此，借鉴 ISO 9000 国际质量管理体系标准，能够有效增强廉政文化建设工作的计划性、程序性和规范性，增强工作的主动性、有效性和科学性。

4.3.2 内部控制体系

1）内部控制体系的一般构成

内部控制体系的一般构成：一是组织结构体系。建立廉政文化建设由党委统一领导，党政齐抓共管，纪委组织协调，各部门各负其责，全体参建人员共同参与的机制。二是制度体系。建立健全廉政文化建设工作制度、廉政制度、监督制度和项目建设各项业务工作制度，将廉政建设的各项要求落实到项目建设的各项业务工作之中，实行全过程监控。

2）内部控制体系的主要内容

内部控制体系的主要内容：一是内部控制的主体，包括管理职能及支配的公共资源；二是内部控制的要素，包括廉政的环境、风险评估、控制活动、信息与沟通、监控五个要素。

（1）建设项目内部控制的主体。内部控制的主体应符合如下特征：第一，建设项目内部控制的主体履行的是建设项目管理职能或受托的建设项目管理职能；第二，建设项目内部控制的主体支配的是建设项目公共资源。从当前建设项目制度来看，我国建设项目内部控制的主体应该是指中央和地方各级行政机关、审判机关和检察机关以及各类事业单位（以下简称“建设项目部门”）。本书涉及的内部控制主体特指省内高速公路系统内建设项目管理的各级组织机构。

（2）控制环境。控制环境是指管理层和工作人员应该在建设项目中建立和维持一个良好的环境，在这个环境中内部控制可以得到很好的支持和有效的执行。控制环境是内部控制所有要素的基础，其中包括诚信与道德价值观、管理层的胜任能力、管理层的管理哲学与风格、组织架构、权利与责任的分配、人力资源的政策与实务、与预算管理部门的关系等。

（3）风险评估。风险评估是指建设项目应该对来自外部和内部的风险进行评估。进行风险评估，首先是要设定相互关联和内在一致的目标。风险评估就是要找到影响目标实现的因素和事项，判断风险发生的概率，并制订应对风险的策略。风险评估的过程实际上就是确定目标、分析目标实现可能发生问题的过程。作为项目建设单位，在分析风险后是不能规避和转移风险的，而只能接受风险。接受风险的唯一途径就是做好应急准备，一旦风险发生，及时做好应对工作。

（4）控制活动。控制活动是确保管理层指令得以执行和贯彻的一系列管理活动。控制活动存在于建设项目机构内部的各个职能部门，包括审批、授权、认证、保密、记录、评价、考核等。根据管理控制的对象，控制活动可分为对人力资源的控制活动、对资产的控制活动、对业务流程的控制活动、对会计管理的控制活动、对信息系统的控制活动等。

（5）信息与沟通。信息与沟通包括两部分内涵，信息是项目建设运行中记录的数据，沟通是内部管理层和工作人员之间以某种形式及时地传递、交换和反馈信息的过程。信息与沟通可以有效地执行内部控制和履行相关责任。

（6）监控。监控是对建设项目运行中各项任务执行的质量进行反复监督和评估，并确保监督中发现的问题及时得到解决的过程。监控包括日常监控和专项监控两类活动。日常监控是指对任务执行质量进行持续的监督、评价和控制的过程。对于内部控制体系比较健全的单位，持续监控的有效性更高。专项监控是对某项工作或某子目标实现情况进行监督评价的过程，也可以是非定期地对建设项目工作进行全面监督评价的过程。根据风险评估和日常监控的有效性，管理层可以不定期地采取专项监控，以确保内部控制运行的效果。

4.3.3 外部监督体系

搭建公众监督平台，建立健全社会监督制度，畅通信息沟通渠道，完善信访举报制度。

4.3.4 廉洁诚信体系

1）按照干部管理权限建立健全干部廉政档案

干部廉政档案内容包括：

（1）干部的基本情况；

（2）廉洁从政情况；

（3）执行党风廉政建设责任制情况；

（4）在公务活动中收受礼品情况；

（5）索取钱物情况；

（6）骗取荣誉、职称及其他利益情况；

（7）用公款公物操办婚丧喜庆事宜和借机敛财情况；

（8）个人经商办企业情况；

（9）配偶、子女个人经商办企业和在外商独资企业或中外合资企业担任外方委派、聘任的高级职务的情况；

（10）在经济实体和社会团体中兼职取酬情况；

（11）从事有偿中介活动情况；

（12）买卖股票情况；

（13）用公款和信用卡支付应由个人负担的费用情况；

（14）存储、借（占）用公款情况；

（15）违规出国（境）、旅游、度假、参加健身活动情况；

（16）接受超标准接待和宴请、参与高消费娱乐活动、获取俱乐部会员资格情况；

（17）用公款装修、购买住房、包租或占用客房及在城镇自筹自建私房情况；

（18）用公款违规配备和使用住宅电话、移动电话、住宅电脑情况；

（19）违规配备使用小汽车情况；

（20）违反《党政领导干部选拔任用工作暂行条例》情况；

（21）妨碍涉及配偶、子女、其他亲友和身边工作人员案件调查处理情况；

（22）配偶、子女违法违纪处理情况；

（23）因违纪违法被处理情况；

（24）其他被举报控告情况；

（25）其他按组织规定报告的情况。

2）对违反廉政合同的承包人、监理、供货商建立黑名单数据库

4.3.5 效力评估体系

模式的效力即模式的有效性。对一个项目的廉政文化建设模式的优劣进行自检和评估，对模式中各项要求进行分析和选择，检验其科学性和有效性，及时改进不足，必要时进行修改，通过删减和补充，以确定并形成适合于项目廉政文化建设的最低要求过程。

4.4 廉政文化建设的主要任务

4.4.1 把确立廉政价值观作为廉政文化建设的首要任务

这是提高廉政文化建设的层次和品位，推进廉政文化建设科学发展的关键所在。

4.4.2 培育坚定的廉洁从业的理想信念

廉洁从业的理想信念是廉政价值观的重心。要从坚定中国特色社会主义理想信念的高度坚定廉洁从政的理想信念，从党员干部的特殊视觉去坚定廉洁从政的理想信念。党员干部在一定程度上代表着党的形象和群众的利益，必须对廉洁从政的理想信念有一种矢志不移、执著追求的精神。

4.4.3 培育高尚的廉洁从业的道德操守

廉洁从业的道德操守集中体现在用权道德上，要坚持用权为公，用权为民。真正做政治上的明白人、道德上的纯洁人、经济上的清白人、作风上的正派人。

4.4.4 培育纯正的廉洁从业的心理素养

当前尤其要破除“羡腐心理”，坚信腐而必败、小腐小败、大腐大败的道理，防止由羡到腐、由腐到败。要破除“侥幸心理”，破除“攀比心理”，使党员干部做到不比资历比能力，看谁科学发展的办法多；不争功劳争奉献，看谁和谐发展的贡献大；不图形式图实绩，看谁率先发展的意识强，使整个行业形成风清气正的良好氛围。

4.4.5 培育健康的廉洁从业的文化情趣

始终用健康的文化心态和文化情趣战胜那种不健康的低俗风气，特别是要加强各级领导干部廉洁自律、淡泊名利、恪守宗旨、勤政为民的教育和公共伦理观念的教育。前者是官德，后者是公德。在公共伦理中，官德具有特殊的重要性，是赢得民心、民意的重要砝码。

4.5 廉政文化建设的工作重点

廉政文化建设架构五个体系的主要内容包含廉政教育文化、廉政职业文化、廉政制度文化、廉政监督文化和廉政服务文化五个子模块，它们不是独立的，而是相互作用、相互联系的，廉政文化建设的工作重点是这五个子模块。

廉政文化建设最终的落脚点是保证全体参建单位和人员在廉洁上不出问题，建设廉洁的参建单位(集体)。项目建设现行的参建单位结构一般有廉洁的项目公司、廉洁的工作站(项目业主派出机构)、廉洁的监理处、廉洁的项目经理部(承包人)、廉洁的协调指挥部，因此，廉政文化建设管理的执行者是各参建单位(集体)，要按照标准化模式，结合自身实际，对照每项任务和要求抓好落实。

4.5.1 打造廉政教育文化

主要研究如何加强参建单位、参建人员廉政教育，做到廉洁自律。开展廉政宣传教育，在软件方面要有先进的廉政理念，要坚持教育提醒经常化，环境熏陶长期化；在硬件方面要有宣传活动阵地，有廉政文化景观，有统一规格的廉政宣传图板。

4.5.2 打造廉政职业文化

主要研究各参建单位、各个岗位的廉政道德标准，以及各参建单位、参建人员如何严守廉政道德。

4.5.3 打造廉政制度文化

主要研究各参建单位建立健全内部廉政制度。制度建设的重点是严格规范权力运行。内部廉政制度主要有：一是贪污腐败的防控制度，如责任落实制度、议事决策制度、信息公开制度、领导干部个人重大事项报告制度、监督检查制度等；二是专项治理制度，如工程建设领域突出问题专项治理、“小金库”专项治理等；三是惩治腐败制度，如党风廉政建设责任追究制等。

4.5.4 打造廉政监督文化

主要研究如何有效实施廉政监督，保障廉政制度严格执行。要制定规范、高效、管用的监督机制。外部监督方面，要建立与大众媒介的沟通机制、建设单位意见反馈机制、一线建设者意见反馈机制、地方政府意见反馈机制、地方群众意见反馈机制、贪污腐败的检举机制等。一要实行廉政风险管理。建立廉政风险防控管理模式，充分查找廉政风险点，制订相应的风险防控措施和工作流程，在每个廉政风险点都安排有风险防控员进行监督。二要实行建设项目信息公开。公开内容包括高速公路发展规划、建设计划公开，项目审查、审批管理公开，招标过程公开，征地拆迁管理公开，施工过程管理公开，设计变更管理公开，质量监督公开，竣(交)工验收公开，资金使用公开，建设市场管理公开。三要加强审计监督。内部审计机构和政府审计机构对项目建设情况全过程进行跟踪审计。四要建立健全社会监督机制，畅通信访举报渠道。

4.5.5 打造廉政服务文化

在高速公路建设过程中，各参建单位都有特定的服务对象。服务文化主要研究如何廉洁服务的问题，着力于提高服务意识、服务水平和服务质量，杜绝服务中的不廉洁行为。

4.6 廉政文化建设的组织实施

廉政文化建设模式确定后，关键在于组织实施。组织实施要着力抓好组织领导、工作规划、实施方案和考评机制四个要点。

4.6.1 组织领导

廉政文化建设要按照"党委统一领导、党政齐抓共管、纪委组织协调、部门各负其责、依靠群众支持和参与"的领导体制和工作机制，按层级分解责任，做到纵向到底、横向到边、纵横交错、形成网络，以确保每一项工作都有领导、部门和人员负责，每一项工作都在受控的状态下进行，实现真正意义上的齐抓共管。在高速公路工程项目廉政文化建设中，党委统一领导是关键，党政齐抓共管是前提，纪委组织协调是重点，部门各负其责是保证，依靠群众支持和参与是基础。自上而下层层签订廉政建设责任书，员工签订廉洁自律承诺书。

4.6.2 工作规划

廉政文化建设是长期行为，不可能一朝见效，应建立长效机制。规划廉政文化建设，应从实际出发，因地制宜、因人制宜，尽力而为、量力而行。应根据人力、物力和财力状况，从确保质量和总体效果出发，合理剪裁核心子模式列出的工作项目，积极组织开展一些具有自身特点、有影响的文化活动。

4.6.3 实施方案

作出廉政文化建设决策和规划后，应制订具体的实施方案，分步实施，整体推进。实施方案要切合实际，任务要明确，措施要具体，通过努力能做得到、兑了现，有明显成效。

4.6.4 考评机制

考评机制是廉政文化建设考评办法、奖惩制度和考评结果运用等的总和。方案实施后，要对执行情况进行考核评价。考核标准要对工作内容、数量、完成时间等进行量化。同时，要结合工作实际，建立激励机制，对领导重视、工作有创新、实际效果好的部门和单位给予必要的物质和精神奖励；对领导不重视、工作拖拉的部门和单位给予及时的批评教育。考评结果要与干部绩效考核、个人待遇、选拔任用等挂钩。

5 详细要求(以研究成果在湖南高速公路的应用为例)

5.1 廉政教育文化

5.1.1 教育内容

廉政教育的内容是多方面的，也是围绕着各个时期基层中心工作而变化的。

坚持党要管党、从严治党。对党员的要求更要严格于一般职工群众。对党员的廉政教育，概括起来是党性、党风、党纪教育。从本质上讲，党性、党风、党纪教育，是融合、渗透和体现于各个时期党员教育之中的，也是廉政教育的主体。

1）党性教育

党性是指一个政党固有的本性。中国共产党是中国工人阶级的先锋队，是中国社会主义事业的领导核心，是全国各族人民利益的忠实代表。这些明显区别于其他政党的特性，构成了中国共产党的党性。它包括的主要内容有：

（1）坚持以马列主义、毛泽东思想作为自己的行动指南。按照实践、发展、创造的观点，运用邓小平理论和"三个代表"的重要思想，实事求是地研究和解决革命和建设中不断出现的新情况、新问题。

（2）全心全意为人民服务，坚持把人民的利益放在第一位。牢固树立社会主义的荣辱观。即：以热爱祖国为荣、以危害祖国为耻，以服务人民为荣、以背离人民为耻，以崇尚科学为荣、以愚昧无知为耻，以辛勤劳动为荣、以好逸恶劳为耻，以团结互助为荣、以损人利己为耻，以诚实守信为荣、以见利忘义为耻，以遵纪守法为荣、以违法乱纪为耻，以艰苦奋斗为荣、以骄奢淫逸为耻。

（3）坚持群众路线，密切联系群众。要相信群众，依靠群众，把对党负责和对人民负责紧密结合起来，自觉地想人民之所想，急人民之所急，帮人民之所需，为人民谋利益，关心群众疾苦，倾听群众呼声，和群众打成一片，同甘共苦。

（4）坚持党的民主集中制，具有严格的组织性、纪律性。实行"在民主基础上的集中，在集中指导下的民主"和"党员个人服从党的组织，少数服从多数，下级组织服从上级组织，全党各级组织和全体党员服从党的全国代表大会和中央委员会"的组织原则。无论在任何情况下，共产党员都要自觉遵守纪律，维护党的团结统一。

（5）坚持开展批评和自我批评。共产党员要无私无畏，光明磊落，旗帜鲜明地为人民利益坚持真理，为人民利益改正错误。为了人民的利益，敢于向一切错误思想、不良倾向、坏人坏事进行坚决的斗争。

2）党风教育

党风是指一个政党及党员的思想、工作、生活等方面的作风。它体现着一个政党的性质和宗旨，是一个政党及其党员的党性的外在表现。群众看党风，是通过对党员的行为来观察的。因此，对党员的廉政教育，应该把端正党风作为重点内容抓紧抓好。

3）党纪教育

党的纪律是党的各级组织和全体党员必须共同遵守的行为准则。党的章程是党的根本大法，《关于党内政治生活的若干准则》以及党中央的各项规定，都是党的法规。党的所有法规都是为了保证全党行动一致，巩固党的组织，维护党和人民的利益的，因而都是全党必须遵守的纪律。中国共产党是执掌全国政权的党，因而党章规定了“党必须在宪法和法律范围内活动”。这样，就使遵守国家的法律和法令也成为了党的纪律，每个共产党员都必须自觉遵守国家法律和法令。在执行纪律这个问题上，不能借口开放搞活而要求“松绑”，更不能有什么“特殊政策”和“灵活措施”。

(1) 党纪教育的内涵。引导广大党员充分认识和理解党的纪律的主要内容，懂得什么是党的纪律，怎样执行党的纪律，从而自觉地遵守党的纪律。党的纪律主要内容有：

① 政治纪律：坚持十一届三中全会以来党的路线、方针、政策，在政治上同党中央保持一致。

② 组织纪律：个人服从组织，少数服从多数，下级组织服从上级组织，全党各个组织和全体党员服从党的全国代表大会和中央委员会。

③ 群众纪律：随时随地维护人民群众的利益，不允许以任何借口、任何形式侵占和损害人民群众的利益。

④ 财经纪律：严格遵守党和国家财政经济的各项规定，不损公肥私和以权谋私。

⑤ 外事纪律：在对外文化、经济交流、谈判、签约和合资经营中，严格遵守党和国家的外事纪律，不得慷国家之慨，从中牟取私利，不丧失国格、人格，严格保守党和国家的机密。

(2) 党纪教育的原则。党员党纪教育，应注重启发引导，增强广大党员遵守党纪的责任感。

① 自觉的原则。纪律是以服从为前提的，因而是带强制性的。基层党组织要引导党员从思想概念上把强制性转为自觉性。

② 民主的原则。充分发扬民主，尽可能采用研讨启发的方式，着眼于思想建设。要创造宽松和谐的环境，让大家自照镜子，自量尺子，互相启发，提高纪律素养。

③ 实践的原则。引导党员在自己工作和生活中认真实践，尤其要提倡“慎独”的精神，在个人单独执行任务或独立处理重大问题时，都能不忘党的纪律，严格按党纪原则办事。

④ 正己的原则。正人先正己，教育者必须先受教育。教育人的人必须以身作则，作出榜样，既要言教，更要身教，两者结合，相得益彰。

4）职业操守教育

教育高速公路干部职工遵纪守法，遵守单位规章制度，恪守职业道德、公民道德等社会主义道德规范，树立为高速公路事业和经济社会持续发展而奉献的崇高理想，增强全心全意为公众服务的意识。

5.1.2　教育形式及载体

1）召开廉政会议

单位定期召开廉政工作会议。

2）集中上廉政教育课

单位领导上廉政党课；邀请上级领导、专家开展廉政专题讲座。

3）组织自学

对干部职工廉政学习提出自学要求，检查落实情况。

4）建立廉政宣传阵地

在单位开辟廉政文化宣传栏，建立廉政文化走廊（廉政文化墙），建立廉政网页，在内部工作简报、杂志开辟廉政宣传专栏。在阅览室（图书室）安排廉政读物。在工地和驻地张挂廉政宣传标语和格言警句。

5）开展廉政文化活动

开展廉政文化进机关、进工地、进家庭、进站所活动。

(1) 以廉政建设为主题，组织干部职工座谈、演讲、文艺演出、观看相关内容的影视作品；开展廉政征文竞赛、廉政书画竞赛；开展专题讨论、典型引路。

(2) 建立短信平台，定期或不定期向干部发送廉政短信。

(3) 组织廉政知识考试和比赛。

(4) 开展警示教育活动。如开展违纪案例剖析；组织干部职工到监狱、劳教所等场所实地参观，听取服刑人员和劳教人员现身说法等。

(5) 开展家庭助廉活动。组织干部职工家属参加廉政教育及廉政活动，把干部职工家庭建设成知廉阵地、助廉推进器和守廉堡垒。

(6) 评选廉政标兵。评选、表彰廉政勤政方面表现突出的工作人员和家属，树立身边廉政典型、弘扬正气。

6）发放廉政学习资料

印发廉政宣传手册，发放廉政教育读本。

7）其他教育形式和载体

5.2　廉政职业文化

5.2.1　参建单位廉政职责

1）项目业主廉政职责

(1) 认真贯彻执行中纪委及上级部门有关廉政文化建设文件精神。

(2) 根据高速公路建设实际，制订符合工程建设需要的可操作的廉政文化建设活动计划，明确廉政文化建设的目标、内容、措施，指导全体参建单位开展具体活动。

(3) 根据高速公路的特点，制定和落实廉政文化建设责任制和政务公开等制度，并纳入到对员工的日常教育管理和对监理、施工单位的目标考核之中。

(4) 根据业主、监理、施工、地方政府的不同需求，积极组织开展多种形式的有影响力、有吸引力的高速公路廉政文化建设主题活动，如召开故事会、办廉政手抄报、征文比赛、演讲比赛、歌咏比赛、辩论大赛、廉政漫画征集等，开展一系列廉政文化艺术活动，帮助广大参建员工在形式多样的教育活动中培养良好的思想道德素质。

(5) 组织编写廉政文化建设指南，在项目公司阅览室设置廉政文化书架，期刊、网站有廉政文化专栏、专页，目标考核有廉政文化建设方面的内容。并在公司大楼内设立廉政文化长廊和橱窗，张贴宣传画、廉政警句等。

(6) 组织制定并与各监理处、承包人签订廉政合同书。

(7) 向省高管局(总公司)定期上报廉政文化建设工作。

2) 监理处廉政职责

(1) 认真贯彻业主有关廉政文化建设文件精神。

(2) 监理处应当建立健全廉政文化建设责任制度。监理处处长为第一责任人。

(3) 在监理处会议室设置廉政文化书架，并在监理处大楼内设立廉政文化长廊和橱窗，张贴宣传画、廉政警句等。

(4) 积极参加业主举办的廉政文化建设主题活动。

(5) 向业主定期上报廉政文化建设工作。

3) 承包人廉政职责

(1) 严格履行廉政合同书，认真贯彻落实廉政建设有关规定和业主有关廉政理念、廉政工作要求。

(2) 项目部党政主管同为本项目部廉政建设负责人，对本项目部的廉政建设负总责。结合项目部工作特点，建立健全廉政建设责任制，层层签订廉政建设责任状。

(3) 建立健全和监督落实标段廉政制度。

(4) 按照业主要求，组织开展好廉政活动，大力营造廉政氛围。

(5) 执行大宗物资采购、重大施工方案制订、大额资金开支等重大项目部领导班子集体决策制度。

(6) 按照业主要求，定期组织项目部各部门负责人、工区长及劳务队负责人、全体员工进行廉政教育。

(7) 每半年由项目部党政主管向项目部干部职工进行一次廉政建设情况报告，年度进行一次廉政建设工作总结和讲评。

(8) 及时向业主报送半年度、年度廉政建设情况和廉政有关专项工作情况。

4) 供应商廉政职责

(1) 及时提供与招标材料一致的合格材料、产品、服务。

(2) 严格履行与业主签订的廉政合同书。

5) 地方协调指挥部廉政职责

(1) 认真贯彻执行廉政建设有关规定和上级有关文件精神。

(2) 认真落实党风廉政建设责任制。

(3) 建立健全有关征地拆迁安置协调工作的廉政制度。

(4) 畅通信访举报渠道，严格执行信访举报制度。

(5) 严格执行行政效能问责制。

5.2.2 参建单位职业道德准则

1) 参建单位共同的职业道德准则

遵纪守法、诚实守信，重视安全、保证质量，办事公道、关心群众，保护环境、奉献社会。

2) 参建人员共同的职业道德准则

爱岗敬业、尽职尽责，文明诚信、服从管理，廉洁自律、服务群众。

3) 项目业主的职业道德准则

(1) 团结协作、精益求精、勤俭节约、务实创新。

(2) 管理科学、协调有力、办事公道、廉洁奉公。

4) 监理的职业道德准则

(1) 严格监理、优质服务、公正科学、廉洁自律。

(2) 客观、诚信、公平、公开。

5) 承包人的职业道德准则

(1) 尊重业主、服从监理、关心民工、精心施工。

(2) 铁石心肠抓安全、铁面无私抓质量、铁板一块抓进度。

6) 供应商的职业道德准则

遵法纪、重合同、守信誉。

7) 地方协调指挥部的职业道德准则

(1) 和谐征拆、妥善安置。

(2) 公平公正、正确行权，清正廉明、不谋私利。

(3) 急工程之所急，想群众之所想，严格按规定为业主把关，及时为承包人排忧解难，全心全意为工程建设服务。

5.2.3 参建单位廉洁行为规范

1）业主廉洁行为规范

（1）全力打造一支“和谐、敬业、务实、创新”的团队；以“优质、环保、安全、经济”为管理目标，全线开展“导师帮教制”，实行“一帮一、一带一”的“传、帮、带”活动，致力于建设国际一流、国内一流的精品高速公路。

（2）实行制度化管理，责任明确，按章办事；做好服务，协调好各方关系，营造良好的施工环境；处事公道正派、公平公开；普及“四廉文化”（勤俭修廉德、和谐促廉洁、情操养廉心、制度保廉政），培养高尚情操。

2）监理廉洁行为规范

认真执行监理规范和业主的有关文件精神，严格把好质量、安全关；客观公正，不弄虚作假，杜绝“索、拿、卡、要”，人人争当“素质高、业务精、能力强、作风正、能吃苦”的优秀监理工程师。

3）承包人廉洁行为规范

（1）认真落实和执行业主下发的各项规章制度、方案、办法和规定；服从现场监理的监管，及时闭合监理指令；科学地进行施工组织设计；关心民工的生活和安全；实行标准化、精细化施工；信守廉政合同，不拉拢腐蚀项目管理方。

（2）牢固树立安全是保障、质量是形象、进度是风貌、效益是目标的理念，在保证质量、安全的前提下，加快施工进度。

4）供应商廉洁行为规范

（1）及时提供与招标文件一致的合格材料、设备，确保供应材料、设备质量稳定，供应及时，服务一流。

（2）信守合同，不随意变更材料、设备价格，不降低服务标准，不拉拢腐蚀项目管理方和采购方。

5）地方协调指挥部廉洁行为规范

（1）征地拆迁安置公开透明，及时足额拨付征拆安置补偿款；不挤占、挪用、转移、滞留征拆安置补偿专项资金。

（2）加强沟通协调，努力优化施工环境，切实维护业主、施工单位和沿线群众合法权益。

5.3 廉政制度文化

5.3.1 落实党风廉政建设责任制

1）依据

《中国共产党章程》；中共中央、国务院《关于实行党风廉政建设责任制的规定》。

2）总体要求

坚持落实党风廉政建设责任制横向到边，纵向到底，人人有责，不留盲点。

3）责任体系及分工

(1) 党风廉政实行党委统一领导，党政齐抓共管，纪委组织协调，各单位密切配合，分工负责。

(2) 各单位党政一把手为党风廉政建设第一责任人，班子成员按照分工负责抓好分管线上的党风廉政建设，各部门主要负责人负责抓好本部门的党风廉政建设。

4）保障措施

(1) 明确工作目标、任务和责任，层层签订党风廉政建设目标管理责任书，普通员工向本部门主要负责人递交廉洁自律承诺书。

(2) 建立健全党风廉政建设目标考核评价机制、考评办法及考核结果运行机制。

(3) 对局属各项目公司领导班子及其成员执行党风廉政建设责任制情况进行考核检查。各项目公司领导班子及其成员向局党委报告执行党风廉政建设责任制情况。同样，各项目公司相应考核所属各部门党风廉政建设工作。

5.3.2 落实“三重一大”事项民主决策制度

坚持“三重一大”事项民主决策制度。凡属重大决策、重要人事任免、重大项目安排和大额度资金运作事项必须由领导班子集体作出决定。

(1) 在执行“三重一大”决议时，落实结果向党政主要领导或领导班子会议反馈，如落实中出现问题，需要延期或改变决议，必须重新召开党政联席会议进行复议，任何人不得擅自改变。

(2) 对违反“三重一大”制度流程、违反保密制度和拒不执行集体决策的行为，按国家法律法规、上级相关规定追究责任。

5.3.3 落实廉政合同制度

按照交通运输部要求，项目建设实行工程《施工合同》与《廉政合同》一起签订，在工程设计、施工、材料供应、技术服务等方面签订经济合同的同时，签订廉政合同，明确双方在履行经济合同过程中，各自廉政建设方面的权力、义务和违约责任，加强履约监督，严格责任追究。

5.3.4 实行“党政正职三个不直接分管”制度

建立结构合理、配置科学、程序严密、制约有效的权力运行机制，防止权力变质和滥用，对党政“一把手”进行分权、限权，党政正职不直接分管财务、人事和工程。

（1）根据实际情况和班子成员特点，召开领导班子成员会议，集体研究授权，明确分管组织人事、财务审批、工程建设项目的副职，明确分管副职的职责、权限及运作程序。

（2）定期或不定期召开党委会、行政办公会、班子党政联席会等会议，听取组织人事、财务审批、工程建设项目等工作开展情况的汇报，并将落实情况纳入领导班子民主生活会内容，及时发现和纠正问题。

（3）按照集体领导和个人分工负责相结合的原则，实行领导班子周、月、季度工作例会制度。

（4）建立领导班子内部的议事规则和决策机制，并由领导班子成员带队召开各部室例会、党员民主议事日、党员活动日，定期听取负责人意见等制度性措施。

5.3.5　落实职工代表大会制度

按照规定，应由职工代表大会研究表决的事项召开职工代表大会研究表决。

5.3.6　落实领导干部个人重大事项报告制度

5.3.7　实行廉政风险防控管理制度

1）落实交通运输部《关于在全国交通运输系统推广应用交通基础设施建设项目廉政风险防控手册（试行）的通知》（交监察发〔2009〕584号）精神

2）明确工作内容和流程

（1）以项目建设各项工作流程为主线，排查各个环节存在的廉政风险点及涉及的对象，针对每个廉政风险点提出相应的防控措施，明确落实措施的责任主体和廉政风险防控工作流程图。

（2）在每个廉政风险点安排风险防控管理人，制订相应的风险防控流程。另外，在每项业务工作中，特别安排风险防控员对关键环节（即控制节点）进行重点监控。

（3）各部门廉政风险防控员定期填报“分阶段控制节点风险防控执行情况表”、“年度廉政风险防控执行情况表”。

（4）防控工作机构根据廉政风险防控工作流程图，对防控员上报的执行情况表进行审查评价和处置。

3）制定落实廉政风险防控工作保障制度

如：湖南制定有《湖南省高速公路管理局廉政风险防范管理办法（试行）》、《湖南省高速公路建设项目廉政风险报告处理办法》、《湖南省高速公路管理局建设项目廉政风险防控员管理办法》、《湖南省高速公路管理局建设项目廉政风险防控员考核办法》。

5.3.8 落实党务公开制度

5.3.9 实行建设项目信息公开制度

1）文件依据

交通运输部《关于印发公路水运工程项目信息公开暂行规定的通知》(交监察发〔2010〕764号)。

2）责任主体

高速公路项目信息公开工作由省交通运输部门统一组织，实施主体为省高速公路主管部门，负责所辖项目信息准确性、完整性的审核和信息的集中发布(具有保密性的信息除外)。各项目建设单位(业主)为本项目信息公开实施的责任主体，项目法定代表人为第一责任人。各施工、监理单位负责本合同段的相关信息公开工作。驻厅纪检组监察室及省高速公路管理局纪检监察部门负责项目信息公开的监督检查。

3）实施范围

由省发展与改革部门或省交通运输部门立项，并由省交通运输部门负责组织建设的在建高速公路项目；按省现行交通建设管理体制，由省负责组织建设的在建高速公路项目。

4）公开内容

(1) 项目审批、核准信息。项目审批信息包括项目建议书批复结果、可行性研究报告批复结果、初步设计批复结果、节能评估审查批复结果、用地批复文件结果、环境影响评价审批结果、安全评价审批结果、卫生评价审批结果、施工图设计审批结果、施工许可批复结果信息、开工备案信息。项目核准信息包括项目核准结果等内容。

(2) 项目基本信息。包括项目名称、项目概况、建设时间、投资规模、项目建设单位及其主要负责人信息；设计、施工、监理单位名称及其主要负责人信息等内容。

(3) 招标投标信息。主要包括招标事项、招标公告、合理定价工程量清单、中标结果及投诉处理结果等内容。

(4) 征地拆迁信息。主要包括征地拆迁的组织实施单位和主要负责人及其联系方式、项目用地审批意见、项目涉及征地、征地拆迁公告、补偿标准、征拆数量、资金发放情况等内容。

(5) 重大设计变更信息。主要包括重大设计变更批复单位(部门)、变更时间、变更原因、变更内容、变更结果等内容。

(6) 施工管理信息。主要包括项目进度计划、完成情况、项目建设单位机构设置及工作职责、主要管理制度、办事程序和时限、廉政举报方式等内容。

(7) 合同履约信息。包括施工、监理单位的主要人员、设备按合同履约到场信息和人员变更情况；建设单位按合同支付资金信息等内容。

(8) 质量安全信息。主要包括质量安全监督机构和质量安全监督负责人及其联系方式，项目质量安全监督抽查的有关情况等内容。

(9) 资金管理信息。主要包括项目资金筹措及到位情况、工程款支付情况、资金概预算执行情况和工程决算等内容。

(10) 交竣工验收信息。交工验收信息主要包括验收组织机构、质量检测意见、监理验收报告或监理工程质量评价意见、交工验收报告、交工验收报告的核备等内容；竣工验收信息主要包括验收组织机构、工程质量鉴定(监督)报告、有关专项验收报告、审计报告结果、竣工验收报告等内容。

5) 信息公开主要载体及要求

项目信息公开实施主体要依托单位门户网站或在单位门户网站建立"工程建设领域项目信息公开专栏"，相对集中地发布本部门(单位)负责管理的建设项目信息，向全社会公开项目信息。施工、监理单位没建网站的，可在驻地开辟宣传橱窗定期公布相关信息。

信息公开专栏要满足信息的发布、更新、查询和管理等功能，信息的采集和发布须及时、准确、完整。

6) 实施方法和步骤

项目信息公开要与廉政风险防控机制建设和工程建设领域突出问题专项治理相结合，形成"政策透明、制度公开、要求明确、管理有效、监督到位"的长效机制。实施时要着力抓好以下五方面工作。

(1) 加强领导

省交通运输厅成立项目信息公开办公室，在厅党组的统一领导下具体负责整个活动的组织协调和日常工作，驻厅纪检组长兼任办公室主任，驻厅纪检组监察室、厅基建处、计划处、财务处、办公室、信息中心、规划办、项目办、造价站和厅直各行业管理局等部门(单位)分管负责同志为办公室成员，日常工作由驻厅纪检组监察室负责。全省高速公路各项目建设单位成立相应的组织机构。

(2) 明确责任

在实施项目信息公开的过程中，各责任主体要建立并实行严格的责任制，每一个公开事项要责任落实到位、明确监督到人，切实做到思想统一，分工明确，领导有力，措施有效，落到实处。

(3) 强化宣传

加大对项目信息公开工作的宣传力度。省高速公路管理局设立建设项目信息公开专栏，根据项目动态按要求及时公布建设项目信息。省高速公路管理局按照行业管理职责，协调本系统组织建设的项目信息公开工作。

(4) 组织实施

全省高速公路建设项目分别由各实施主体全面推行项目信息公开工作。项目建设涉及的相关管理部门和各从业单位，要对照实施方案所明确的公开内容和工作要求，结合具体实际，认真落实。省交通运输厅将项目信息公开工作纳入对项目的综合考核体系中进行检查考核。各责任主体要定期召开会议，定期向上级主管部门报告情况，定期进行跟踪考核，建立规范的工作台账，不断完善工作运作机制，确保工作目标的实现。

(5) 监督检查

各级项目信息公开办公室要加强对所负责的公开主体单位实施项目信息公开的监督检查，及时掌握信息公开的落实情况和工作上的薄弱环节，对措施不到位的，要有针对性地提出解决办法。各相应监督部门要认真受理、处理相关投诉与建议，充分发挥法律监督、行政监督、群众监督、舆论监督的作用，形成监督合力，增强监督实效。

5.3.10 开展重点领域专项治理

1) 开展工程建设领域突出问题专项治理

(1) 落实工程建设领域突出问题专项治理工作文件和规范

① 落实交通运输部《开展工程建设领域突出问题专项治理工作方案》等文件。

② 落实省内有关工程建设领域突出问题专项治理工作文件和规范。

如：湖南省有关文件有《关于开展工程建设领域突出问题排查项目重点抽查和扩大内需促进经济增长政策落实监督检查工作的通知》(湘专治发〔2010〕6号)、《关于开展治理工程建设领域突出问题重点抽查活动的通知》、“建设项目自查自纠情况统计表”、“2010年湖南省交通运输厅治理工程建设领域突出问题重点抽查内容表”、“建设项目自查自纠情况统计表——监理单位人员履约情况表”、“建设项目自查自纠情况统计表——施工单位履约情况表”、“高速公路工程建设领域专项检查情况汇总表”等。

(2) 检查执行工程项目管理制度情况

① 检查执行国家有关法律、法规和交通运输部等部委有关高速公路市场管理、招投标管理、项目管理的规章、文件和规范情况。

② 检查执行省内关于高速公路工程项目管理制度：

a. 前期工作制度

(a) 项目预可、工可工作制度。

(b) 勘察设计工作制度。如《湖南省高速公路建设项目施工图设计文件初审制度》等。

(c) 征地拆迁工作制度，如湖南制定有高速公路建设项目征地拆迁问题协调和监管制度等。

(d) 招标投标工作制度，如《湖南省公路水运工程项目招标合理定价评审抽取法实施办法》、《湖南省公路水运工程施工招标合理定价评审抽取法摇号规则与程序(试行)》、《湖南省交通运输基础设施建设项目招标投标活动行政监督实施办法(试行)》等。

b. 建设实施阶段制度

(a) 材料采购工作制度。

(b) 分包管理工作制度。

(c) 质量控制工作制度，如《湖南省高速公路建设项目施工技术和质量管理制度》等。

(d) 安全管理工作制度，如《湖南省高速公路建设项目重大工程质量事故调查及处理制度》等。

(e) 计量管理工作制度。

(f) 设计变更及索赔管理工作制度，如《湖南省高速公路建设项目设计变更审核制度》、《湖南省高速公路建设项目新增工程项目单价审批制度》等。

(g) 项目资金拨付工作制度，如《湖南省高速公路建设项目固定资产投资报表制度》、《湖南省高速公路建设项目建设资金拨付审查制度》等。

c. 交竣工验收阶段制度

(a) 交工验收工作制度，如《湖南省高速公路建设项目交工验收制度》等。

(b) 竣工决算审计、缺陷责任期工作制度。

(c) 竣工验收工作制度，如《湖南省高速公路建设项目竣工验收文件审查制度》等。

d. 建设项目监理单位制度

(a) 勘察设计阶段监理工作制度。

(b) 乙供材料采购阶段监理工作制度。

(c) 分包管理阶段监理工作制度。

(d) 质量控制阶段监理工作制度。

(e) 安全检查阶段监理工作制度。

(f) 计量管理阶段监理工作制度。

(g) 设计变更及索赔阶段监理工作制度。

(h) 交工验收阶段监理工作制度。

e. 综合管理工作制度

(a) 检查考核制度，如《湖南省高速公路建设项目巡查、考核制度》、《湖南省高速公路建设项目日常考核暂行办法》等。

(b) 干部选拔任用工作制度。

(c) 工会工作制度。

(d) 物资采购制度。

(e) 车队管理工作制度。

(f) 接待制度等。

f. 其他制度

2) 开展红包礼金专项治理

3) 开展"三公"消费专项治理

4) 严肃查处党员和干部参与赌博专项治理

5) 开展治理商业贿赂专项工作

6) 开展"特权车"、"人情车"专项治理

7) 开展党政干部公款出国(境)旅游专项治理

8) 开展"小金库"专项治理

9) 开展论坛、庆典过多过滥专项治理

5.3.11 建立痕迹化管理制度

对项目建设全过程做好记录，留下资料，使各类工作有章可循、有据可依、有迹可查；为上级领导视察工作提供考察、评估、佐证管理的材料；在问责追究时提供支撑性的依据。

(1) 做好相关记录工作，如监理日志、安全日志、施工日志、管理人员工作日志、管理人员巡查记录、各种会议记录等。每月月底将相关记录交至分管领导审核，由办公室统一留存；各监理处、承包人每月月底将相关记录交至分管工作站审核，并由各单位各自留存备查。

(2) 印制专门的痕迹化管理记录本，发至相关人员进行记录；由相关管理部门或领导按月进行检查，并签字认可。

5.3.12 不断完善制度体系

针对情况变化和存在的薄弱环节，加强创新，不断完善项目建设制度机制，最大限度降低廉政风险。

5.4 廉政监督文化

5.4.1 监督对象

监督对象为全省高速公路建设项目各参建单位和全体参建人员，重点是省高速公路系统内部参建单位及其参建人员。

5.4.2 监督内容

(1) 法律监督。监督学习贯彻、遵守及执行党章与党内法规、国家有关法律法规情况。

（2）纪律监督。监督学习贯彻、遵守及执行党的纪律、行政纪律情况。

（3）制度监督。监督学习贯彻、遵守及执行国家、上级及本单位有关规章制度情况。

（4）道德监督。监督遵守社会主义道德情况。

（5）舆论监督。密切关注舆情，督促监督对象保持勤俭敬业、清正廉洁的公众形象。

5.4.3 监督主体及其监督方式

1）党组织监督

（1）定期例行召开民主生活会

① 开展谈心活动，领导班子成员之间互相谈心，开展批评和自我批评，坦诚交流思想，增进了解，加强团结。

② 班子成员结合评议的意见，对群众反映的突出问题和查摆出来的主要问题，认真进行梳理，整改措施明确具体责任人和整改时间。

③ 在民主生活会后，党组织认真总结民主生活会的情况，以书面汇报的形式向上级报告，以文件的形式向下属单位通报。

（2）召开专题民主生活会

① 总结项目公司创先争优活动的工作情况，并对照创先争优活动的“五个好”和“五个带头”，围绕对照争当优秀共产党员五个先锋的基本要求，找差距，明方向，定措施开展批评与自我批评。

② 根据查找出来的问题和不足，对照要求，制定整改措施、明确整改的目的及实施的具体步骤、途径和方法、时限和责任，并将整改的方案向群众通报。

2）纪检监察机构监督检查

（1）党的纪律检查

依据《中国共产党党内监督条例》，对本级和下级党组织、党员进行监督。

（2）行政监督

依据《中华人民共和国行政监察法》，对监察对象开展执法监察、廉政监察和效能监察。

3）聘请专门人员监督

（1）在本单位各部门聘任一名廉政监督员，协助履行廉政监督职能，直接对本单位纪检监察机构负责。

（2）在社会各界聘请廉政监督员、执法监督员、行风评议员进行监督。

4）群众监督

（1）推行廉政公开承诺制

① 公开领导干部和工作人员的单位、姓名、职务（岗位）、电话、分管

(负责)的工作等内容。

② 公开领导干部、工作人员廉洁自律承诺。

③ 定期召开承诺兑现情况汇报会，促进承诺的兑现落实。

(2) 公开廉政风险

在项目驻地、主要施工现场和工作人员办公室，公开有关的廉政风险点、所在流程、所处环节、所涉对象、防控措施和责任主体。

(3) 设置廉政举报信箱

① 统一规格式样，统一标识。

② 在举报箱上公开举报电话、邮箱或其他联系方式。

③ 由业主、监理、承包人、协调指挥部自行设置在办公驻地醒目位置。业主应将举报箱延伸设置到工作组(站)，承包人应将举报箱延伸设置到每个工区、施工队、工作面。

④ 由各单位纪检监察干部专人管理，定期开箱检查，做好开箱记录，保持举报箱完好、整洁。

(4) 设立廉政告示牌

① 统一制作规格、统一公开内容。

② 在廉政告示牌公开举报电话、举报邮箱。

(5) 建立健全纪检监察信访办理制度，严肃认真办理投诉举报。

(6) 开展行风评议

① 采取上下联动、内外结合、群众参与等方式开展评议。

② 定期开展民主评议活动，广泛听取群众的意见和建议，及时查找和整改存在的问题，切实做到“治假、治浮、治庸、治懒、治散、治奢”，保持队伍的良好风貌。

5) 新闻媒体监督

主动接受新闻媒体对本单位本部门工作进行监督。

6) 司法监督

对触犯刑律的移送司法机关处理。

5.4.4 监督措施

(1) 监督落实信息公开制度。

(2) 监督落实廉政风险防控管理制度。

(3) 监督落实痕迹化管理制度。

5.4.5 严肃查处违纪违法行为

5.4.6 实行党风廉政建设目标考核

1) 考核对象及内容

(1) 对项目业主领导班子和领导干部的考核：坚持领导干部和领导班子

述职、述德、述廉制度。领导干部定期向组织和干部职工报告履行廉政工作职责和个人执行党风廉政建设责任制情况，对领导干部进行民主测评。

(2) 对项目业主单位各部门各岗位人员的考核：在岗情况、痕迹化管理落实情况、履行职责情况、廉洁自律情况等。

(3) 对监理单位的考核：主要考核履约情况，包括在岗情况、痕迹化管理落实情况、履行职责情况、廉政合同执行情况等。

(4) 对承包人的考核：主要考核履约情况，包括施工合同、廉政合同、安全合同、环保合同等。

2) 考核结果的运用

(1) 制订相应的奖惩措施，严格奖惩。

(2) 项目业主单位实行绩效工资制，根据考核结果确定干部职工个人绩效工资。

(3) 对业主单位领导班子和干部职工考核结果作为干部选拔任用的重要依据，干部廉洁从业情况进入干部廉政档案；对监理单位和承包人的考核结果进入诚信档案。

5.5 廉政服务文化

5.5.1 服务工程建设

1) 监督制度执行

(1) 加强招投标的管理和监督

高速公路建设项目所有招投标都采取合理定价评审抽取法，即取消资格预审，全面采用资格后审；通过摇号方式随机确定投标人所投标段；采用合理定价，投标人无需报价；通过摇号方式随机确定中标候选人。采取“双摇号”方法，增强招投标工作的透明度，有效防止投标人围标、串标和权力干预等行为，保证招投标的公开、公正和公平。加强监督，防止暗箱操作，真正实现招投标“阳光操作”。

(2) 加强设计变更的管理和监督

① 依法依规制定工程设计变更管理实施细则，对变更的分类、管理权限、变更程序、奖惩等明确具体要求。

② 加强设计变更的监督检查，严肃查处违纪违规行为。

(3) 加强材料采购的管理和监督

① 依法依规制定材料采购供应管理实施细则。

② 加强材料采购供应及使用情况的监督检查，严肃查处违纪违规行为。

(4) 加强质量安全的管理和监督

① 建立健全工程质量安全管理制度。

② 施工过程公开，对项目业主、监理单位、施工单位实行全程动态管理和实时监控。

③ 把省交通质量安全监督局、项目业主、监理处等各单位检查发现的问题及时在施工过程管理专栏中公开，责令责任单位和责任人及时整改，形成资料闭合。

④ 对质量、安全事故严格追责，对质量、安全问题整改不及时、不到位的责任单位和责任人依法依纪严肃处理。

(5) 加强建设资金使用的管理和监督

① 依法依规建立健全建设资金使用管理制度，严格按照国家有关规定管理和使用建设资金，严格计量支付程序，确保建设资金专款专用，按照工程进度及时拨付。

② 项目公司与银行签订资金监管协议，由银行向公司提供施工单位每周用款及资金流向报告，对施工单位的工程资金使用情况进行全过程监督。

③ 落实工程项目跟踪审计制度，加强审计结果的运用，严肃查处违纪违法行为。

2) 加强诚信管理

(1) 加强诚信信息的采集

① 根据投标信息收集投标人诚信情况。

② 加强合同管理，根据履约情况收集承包人、材料供应商和技术服务商的诚信信息。

(2) 建立诚信档案库

① 建立投标人和潜在投标人诚信档案库。

② 建立材料供应商和技术服务商诚信档案库。

(3) 加强诚信档案的运用

将诚信信息作为招投标、材料采购、合同签约等重要依据之一，纳入工程建设管理的范畴。

3) 优化施工环境

(1) 建立健全优化施工环境责任制，明确各方职责，严格效能管理，严格失职渎职问责。

(2) 建立健全路地关系协调机制和利益冲突预警机制，有效预防和及时处置矛盾纠纷。

(3) 建立健全施工环境问题报告处理机制。

(4) 建立健全涉路违纪违法案件依法从快打击处理机制。

5.5.2 服务沿线群众

1) 征拆安置管理

(1) 实行阳光征拆，公开补偿政策、实物调查数据、补偿金额。

(2) 建立征拆补偿共同确认机制。征地拆迁数量、补偿标准、补偿金额，按照统计范围和监管需要，由沿线市县建设协调指挥部、项目业主、设计单位、乡、村、户有关方面共同签字确认。

(3) 加强征地拆迁安置工作检查，深入开展征地拆迁安置补偿资金专项审计。

(4) 督促整改征拆过程中不公平、不公正、不公开和截留、挪用补偿款的问题，依纪依法追究责任。

2) 涉路群众利益维护

(1) 承包人在施工过程中，尽力避免损害群众生产生活设施(如道路、水系、民房等)。无法避免的，必须及时协商补偿。

(2) 因项目建设影响沿线群众生产生活而承包人与群众未能协商解决的问题，由地方协调指挥部与业主衔接，业主督促承包人及时解决。必要时，地方协调指挥部或业主主持协商解决。

3) 涉路矛盾纠纷调处

(1) 由项目业主和地方指挥部建立日常联系机制，定期交流协商。

(2) 按法律法规和政策明确路地双方责任和义务。遇到问题限期各自负责解决。其中承包人应负责解决的事项由项目业主交办和督促解决，地方应负责解决的问题由地方协调指挥部交办和督促解决；路地双方未能协商解决的问题向上级汇报解决。

4) 涉路违纪违法行为打击处理

对于损害群众利益的行为，按照职责权限，路地双方及时严肃查处。性质特别严重的，按照规定报上级或移交专门机关处理。

5.5.3 服务农民工

1) 农民工管理机制

(1) 项目业主成立专门机构，对承包人聘用农民工情况及其工资发放情况进行监管，维护农民工合法权益，保障工资及时足额发放。

(2) 承包人设立专门机构，负责处理民工工资事务。每月将民工出勤表、民工异动情况登记表及民工工资表报业主单位专门管理机构备案。

2) 农民工用工合同管理

(1) 规范农民工劳动合同。合同统一形式、统一内容，必须包含合同期限、工作内容及工作地点、工作时间及休息休假、劳动报酬、劳动保护及劳动条件、解除终止办法、劳动争议处理、违约责任和其他事项等内容，对违约损害农民工利益的承包人按合同进行处罚。

(2) 进场前，督促劳务队伍与用工单位签订劳务合同、劳务队伍与农民工签订劳动合同。

(3) 建立农民工用工动态档案。

3) 农民工工资管理

(1) 建立农民工工资保证金制度。承包人按合同标的适当比例向业主交纳农民工工资保证金，在动用保证金后，必须及时补足，确保支付有足额的资金保障。

(2) 建立健全农民工工资支付体系。可与当地银行、信用社等金融机构联合建立支付平台。

(3) 加强法规政策宣传，对拖欠农民工工资的高危性单位展开经常性排查。

4) 农民工维权信访举报机制

(1) 在施工现场设置农民工维权提示牌、公布投诉举报电话。

(2) 项目业主和承包人严格按照有关规定受理和办理农民工信访，对不按规定受理和办理信访的按照规定和合同进行处理，并追究责任单位和责任人的责任。

5) 农民工教育培训机制

(1) 在各承包人驻地开办农民工夜校，结合开展各类安全技术交底活动、技术交流和职业教育等活动进行维权知识培训。

(2) 组织农民工开展知识竞赛和技能比武活动。

6) 体察民情

逢年过节，项目业主组织机关干部职工深入工地一线体察民情，开展形式多样的慰问活动。

7) 农民工激励机制

业主单位组织施工单位开展“优秀农民工”评议活动，选树典型，宣传事迹，进行总结表彰。

5.5.4 服务干部职工

加强廉政文化建设的目的之一就是提高干部职工的素质，增强抵御诱惑的能力，以及参与监督的主动性、接受监督的自觉性，在廉政从业方面不犯错误，促进干部职工成长、进步。

1) 坚定理想信念

(1) 开展理念信念教育，帮助干部职工树立正确的世界观、人生观、价值观和远大理想。在全体青年建设者中深入倡导“立志、惜时、开卷、克难”的八字追求。

(2) 开展创先争优活动。

① 在党员中普遍开展“亮身份、树形象、作表率”和“我是一名党员”大讨论等党性主题教育活动。

② 开展争创红旗工段、明星班组、先锋支部等党组织示范区和技术创新岗、安全文明岗、质量争优岗、攻坚克难岗等党员示范岗活动。

③ 提倡"勤劳节俭修廉德、高尚情操养廉心、强化制度保廉身、和谐发展促廉洁"的"四廉"文化；倡导"节约一度电、节约一滴水、节约一张纸、节约一粒米、节约一滴油"的"五个一"活动。

2）培养高尚的道德情操

（1）加强社会主义道德教育。

（2）选树道德模范。

3）强化法纪观念

（1）加强普法工作和法纪教育。

（2）开展警示教育。

（3）开展法律知识和廉政知识比赛。

4）创造良好的成长环境

（1）建立阅览室、图书室等，提供良好的学习条件。

（2）建立读书激励机制，出台奖励办法鼓励干部职工在职学习。

（3）围绕项目建设，大力开展文明创建、岗位建功活动和劳动竞赛。

（4）加强干部职工业务技能培训。

（5）选树标杆，发挥榜样效应，培养优秀员工，打造一流队伍。

（6）建立健全科学的选人用人机制，公开、公平、公正选拔使用人才。

5）加强监督约束

（1）完善制度机制，规范权力运行。

（2）实行廉政公开承诺制，畅通监督渠道。

（3）将廉政风险防范管理落实到岗位、到个人，将廉政风险点、防控措施、责任人等公开。

（4）加强制度执行情况监督检查。

（5）严肃查处干部职工中的违纪违法行为。

第3章 高速公路建设项目廉政文化建设通用模式应用指南

1 主题内容与适用范围

本指南规定了剪裁和使用高速公路建设项目廉政文化建设通用模式的原则和方法。

本指南适用于高速公路建设项目，高速公路运营管理和经营开发等领域可以参考。

2 引用文件

有关党风廉政建设的法律、法规、规章和规范性文件，以及《高速公路建设项目廉政文化建设通用模式》等。

3 术语

3.1 剪裁

对模式中各项要求进行分析和选择，必要时进行修改，删减和补充，以确定并形成适合于项目廉政文化建设的最低要求过程。

3.2 廉政文化

廉政文化是关于廉政的知识、信仰、规范、价值观和与之相适应的行为方式、社会评价的总和，是廉政建设与文化建设相结合、政治文明和精神文明有机融合的产物。

3.3 廉政文化建设

廉政文化建设是以廉洁为核心内容、以文化为载体的建设工程，是廉政建设与文化的有机结合。它的最大特点和优势就是把廉洁政治性要求通过文化的形式渗透到社会的方方面面，渗透到人的头脑中。

3.4 廉政文化建设的目的

总目标是通过打造有形的廉政文化，即打造廉政的教育文化、职业文化、制度文化、监督文化、服务文化，形成高速公路无形的廉政文化，即让高速公路建设者、管理者、经营者普遍形成遵守廉政规定、参与廉政监督、接受廉政监督的强烈意识和自觉行为。具体来说，高速公路系统各单位廉政文化建设应达到以下五个目的：

（1）营造浓厚的廉政氛围，全体干部职工和参与高速公路建设、管理、经营的单位和人员形成以廉为荣、以贪为耻的共识。

（2）单位和个人严格遵守廉政职业道德，认真履行廉政建设职责。

（3）管理制度健全，监管机制科学、高效，堵塞了漏洞。

（4）监督有效，杜绝不作为、慢作为、乱作为和腐败行为的发生。

（5）促进“立党为公、执政为民”的落实，充分发挥高速公路发展经济、服务人民的先行作用。

4 高速公路建设项目廉政文化建设通用模式的应用

4.1 概述

在应用《高速公路建设项目廉政文化建设通用模式》时，首先应对本指南进行研究，然后按照通用模式，结合本单位实际，确定采用哪些工作项目及要点和采用的程度，以建立本单位的廉政文化建设体系并使其有效运行，但不允许剪裁成一个没有廉政文化建设实质内容的模式。

各单位应根据本单位的工作性质和管理模式，将一定数量的工作项目组成以下三种基本模式（表3-1）中的一种：

（1）项目建设的廉政文化建设模式。

（2）运营管理的廉政文化建设模式。

（3）经营开发的廉政文化建设模式。

必要时，可对其中的内容进行修改、增删。

4.2 廉政文化建设通用模式的剪裁

4.2.1 剪裁的目的

通过剪裁建立一个具体、完整、有效的廉政文化建设体系，同时防止不加区别地照搬模式的条款。

基本模式工作项目对照表 表3-1

说明：●基本要求，○一般要求，—不要求

序 号	工 作 项 目	模式类别		
		项目建设	运营管理	经营开发
一	**廉政教育文化建设**			
1	进行党性教育	●	●	●
2	进行党风教育	●	●	●
3	进行党纪教育	●	●	●
4	进行职业操守教育	●	●	●
5	召开廉政会议	●	●	●
6	集中上廉政教育课	●	●	●
7	组织自学	○	○	○
8	建立廉政宣传阵地	●	●	●
9	开展廉政文化活动	●	●	●
10	发放廉政学习资料	●	●	●
11	进行其他形式的廉政教育	○	○	○
二	**廉政职业文化建设**			
12	项目业主履行廉政职责	●	●	●
13	监理处履行廉政职责	●	●	●
14	承包人履行廉政职责	●	●	●
15	供应商履行廉政职责	●	●	●
16	地方协调指挥部履行廉政职责	●	—	—
17	遵守参建单位共同的职业道德准则	●	●	●
18	遵守参建人员共同的职业道德准则	●	●	●
19	遵守项目业主的职业道德准则	●	●	●
20	遵守监理的职业道德准则	●	●	●
21	遵守承包人的职业道德准则	●	●	●
22	遵守材料商的职业道德准则	●	●	●
23	遵守地方协调指挥部的职业道德准则	●	○	○
24	遵守业主廉洁行为规范	●	●	●
25	遵守监理廉洁行为规范	●	●	●
26	遵守承包人廉洁行为规范	●	●	●
27	遵守供应商廉洁行为规范	●	●	●
28	遵守地方协调指挥部廉政行为规范	●	○	○

续上表

序　号	工 作 项 目	模式类别		
		项目建设	运营管理	经营开发
三	**廉政制度文化建设**			
29	落实党风廉政建设责任制	●	●	●
30	落实“三重一大”事项民主决策制度	●	●	●
31	落实廉政合同制度	●	●	●
32	实行“党政正职三个不直接分管”制度	●	●	●
33	落实职工代表大会制度	●	●	●
34	落实领导干部个人重大事项报告制度	●	●	●
35	实行廉政风险防控管理制度	●	●	●
36	落实党务公开制度	●	●	●
37	实行建设项目信息公开制度	●	●	○
38	开展重点领域专项治理	●	●	●
39	建立痕迹化管理制度	●	●	●
40	不断完善制度体系	●	●	●
四	**廉政监督文化建设**			
41	落实监督对象	●	●	●
42	落实监督内容	●	●	●
43	落实党组织监督	●	●	●
44	落实纪检监察机构监督检查	●	●	●
45	聘请专门人员监督	●	●	○
46	落实群众监督	●	●	●
47	落实新闻媒体监督	●	●	○
48	对违法犯罪人员协助启动司法监督	●	●	●
49	落实监督措施	●	●	●
50	严肃查处违纪违法行为	●	●	●
51	实行党风廉政建设目标考核	●	●	●
五	**廉政服务文化建设**			
52	监督制度执行	●	●	●
53	加强诚信管理	●	●	●
54	优化施工环境	●	○	—
55	加强征拆安置工作的廉政管理	●	○	—
56	维护涉路群众利益	●	●	●
57	调处涉路矛盾纠纷	●	●	○

续上表

序　号	工 作 项 目	模 式 类 别		
		项目建设	运营管理	经营开发
58	打击处理涉路违纪违法行为	●	●	○
59	落实农民工管理机制	●	●	●
60	加强农民工用工合同管理	●	●	●
61	加强农民工工资管理	●	●	●
62	落实农民工维权信访举报机制	●	●	●
63	加强农民工教育培训	●	○	●
64	体察民情	○	○	○
65	落实农民工激励机制	○	—	○
66	坚定干部职工理想信念	●	●	●
67	培养干部职工高尚的道德情操	●	●	●
68	强化干部职工法纪观念	●	●	●
69	创造干部职工良好的成长环境	●	●	●
70	加强内部监督约束	●	●	●
六	**廉政文化建设通用模式评估**			
71	开展廉政文化建设通用模式评估	●	●	●

4.2.2　剪裁应考虑的因素

下列因素是正确剪裁廉政文化建设通用模式的基础：

（1）工作任务，如项目建设、运营管理、经营开发等。

（2）投资主体，如国有资本、民营资本、合资等。

（3）管理模式，如事业管理、企业管理、BOT模式管理等。

（4）管理期限，如常设单位、临时机构等。

4.2.3　剪裁的基本要求

（1）删除对本单位不适合和不必要的要求。

（2）修改某些条款或补充模式中没有包括但又确实需要的要求。

（3）协调与所选用的其他规定之间重复或不一致的问题。

4.2.4　剪裁程序

一个恰当的廉政文化建设模式对本单位廉政文化建设非常重要，因此，各单位首先应全面系统地考虑和权衡4.2.2中列出的因素和其他有关的因素，然后选用一个与基本模式相近的模式，最后按4.2.3的基本要求对工作项目的要点进行剪裁，以形成一个具体的模式，并用一定的文件形式加以确定。

4.3 生成文件的确认

各单位应把剪裁后生成的文件及剪裁理由的说明上报省高速公路管理局纪委，批准后方可实施。并作为省高速公路管理局对本单位廉政文化建设进行考评的依据。当廉政文化建设模式需要调整时，应重新按 4.2.4 进行剪裁并对所生成的文件重新确认。

第4章 高速公路建设项目廉政文化建设考评办法

1 主题内容和适用范围

廉政文化建设考评小组在职权范围内，按照考核标准，对建设项目廉政文化建设进行检查、指导、督促提高；同时，对廉政文化建设通用模式的可行性进行检验和修订完善。

本办法适用于高速公路建设项目。

2 考评工作的标准

2.1 考评要点和检查方法

考评内容分为组织计划、实施情况、工作成效三个方面，从这三个方面全面考评廉政教育文化、廉政职业文化、廉政制度文化、廉政监督文化和廉政服务文化的建设情况，其下又分为64条，划分为“重点”和“一般”两类。注有“△”为重点项目。检查方法主要是“听、问、查、看。”

2.2 考评要点属性结论判定标准

考评要点属性结论分为“满足”、“改进”、“不满足”三档，其判定标准为：

满足：已按规定要求执行，制度完善，落实有效，无系统缺陷。

改进：已按规定要求执行，但制度不够完善或实施中有一定差距。

不满足：未按规定要求执行。

2.3 考评结论判定标准

考评结论分为“未达标”、“达标”和“达标先进单位”三档，运用百分比计算法对考评要点评定结论按重点项目和一般项目分别统计计算，将计算结果与判定标准比较，得出受检单位廉政文化建设工作考评结论。

2.3.1　达标单位判定标准(表4-1)

廉政文化建设达标单位标准表　表4-1

项目类型	满足	改进	不满足
重点项目	≥90%	≤10%	0
一般项目	≥75%	≤20%	≤5%

2.3.2　达标先进单位判定标准(表4-2)

廉政文化建设达标先进单位标准表　表4-2

项目类型	满足	改进	不满足
基本项目	≥95%	≤5%	0
一般项目	≥85%	≤15%	0

2.3.3　达标否定规定

凡是出现以下情况之一的单位，均为不达标判定：

(1) 没有设立廉政文化建设对口部门或者团队的。

(2) 没有明确的廉政文化建设组织结构体系的。

(3) 没有明确的廉政文化建设的制度和措施的。

3　考评工作的实施办法和细则

(1) 高速公路项目公司(业主)的廉政文化建设接受上级的检查考评。

(2) 高速公路其他参建单位的廉政文化建设接受项目公司(业主)的合同管理和检查考评。

(3) 检查考评要客观、公正，考评组及其成员对考评结果负责。

(4) 对建设单位的检查可半年一次，一年总结；对项目公司的监察，一年总结一次。

(5) 检查内容按照“廉政文化建设考评要点表”(表4-3)规定，对照被检单位剪裁通用模式后报批的工作内容进行，再按照本章“2.3 考评结论判定标准”得出考评结论。

高速公路建设项目廉政文化建设考评要点表 表4-3

考评项目及要点	项目类别	检查方法	评定结果		
			满足	改进	不满足
组织计划					
1. 按照通用模式应用指南要求，报批剪裁后符合本单位实际的工作模式	△	查			
2. 制订明确的年度建设目标和实施计划	△	查			
3. 计划的系统性		查			
4. 计划的科学性		查			
5. 计划的全面性		查			
6. 计划的适用性		查			
7. 计划对全局工作部署的贯彻性	△	查			
8. 方案的原创性		问、看			
9. 内部监督检查机制	△	查			
10. 内部考核机制		查			
11. 责任分工	△	查、看			
实施情况					
12. 工作人员是否胜任廉政文化建设工作	△	问、查			
13. 廉政文化建设所需资源、经费的保障情况	△	听、问、查			
14. 是否将廉政文化建设开展到每一个环节和细节	△	查、看			
15. 是否有弄虚作假，欺骗检查组的行为	△	问、查、看			
16. 文书档案管理是否规范	△	看			
17. 基于前一次监察提出的意见整改落实情况	△	问、查			
18. 廉政教育内容落实情况		听、查			
19. 廉政会议		问、查			
20. 集中上廉政教育课		问、查			
21. 干部职工自学情况		问、查			
22. 廉政宣传阵地和载体	△	看			
23. 按计划开展廉政文化活动情况	△	问、查			
24. 发放廉政学习资料		问、查			
25. 廉政职责、廉政职业道德准则、廉政行为规范是否在各自责任主体单位上墙		看			

续上表

考评项目及要点	项目类别	检查方法	评定结果		
			满足	改进	不满足
26. 廉政制度是否汇编		看			
27. 党风廉政建设责任制落实情况		听、查			
28. “三重一大”事项民主决策制度落实情况	△	听、查			
29. 廉政合同制度落实情况					
30. “党政正职三个不直接分管”制度落实情况	△	听、查			
31. 重大事项按规定上职代会情况	△	听、查			
32. 执行领导干部个人重大事项报告制度情况	△	问、查			
33. 廉政风险防控管理执行情况	△	查			
34. 信息公开落实情况	△	查、看			
35. 开展重点领域专项治理情况	△	查			
36. 痕迹化管理执行情况	△	问、查			
37. 完善制度体系情况	△	问、查			
38. 纪检监察干部和廉政监督员履行监督职责情况(包括廉政合同的履约监督检查)	△	问、查			
39. 案件查处情况	△	问、查			
40. 内部检查考核情况	△	查			
41. 纪检监察机构监督检查制度执行情况	△	查			
42. 诚信管理工作情况		问、查			
43. 优化施工环境履职情况		听、问、查			
44. 加强征拆安置工作的廉政管理情况		听、问、查			
45. 维护群众涉路利益情况		听、问、查			
46. 调处涉路矛盾纠纷情况		听、问、查			
47. 打击处理涉路违纪违法行为情况		听、问、查			
48. 农民工教育管理和维权情况		听、问、查			
49. 开展廉政文化建设通用模式评估情况		问、查			
50. 工作创新情况		问、查			
工作成效					
51. 人员对廉政文化建设的计划认识明确、内涵清楚	△	听、问			

续上表

考评项目及要点	项目类别	检查方法	评定结果		
			满足	改进	不满足
52. 廉政文化建设是否做到全线开展	△	问、查			
53. 廉政宣传教育成果	△	查、看			
54. 队伍人员对廉政知识的掌握度		问			
55. 队伍人员遵守廉政职业道德情况	△	听、问			
56. 各责任主体履行廉政职责情况	△	问、查			
57. 参建单位和人员遵纪守法、执行制度和操作流程情况	△	听、问、查			
58. 干部职工及家庭成员廉洁自律情况	△	听、问			
59. 效能监察成效	△	问、查			
60. 参建单位是否有损害群众利益的行为	△	听、问			
61. 农民工工资保障情况	△	问、查			
62. 干部职工的成长环境		听、问			
63. 社会反映		听、问			
64. 廉政文化建设通用模式评估工作是否走过场	△	查			

注：标注“△”的为重点项目。

第5章 高速公路建设项目廉政文化建设通用模式效力评估体系

效力评估体系是对本模式的有效性进行自检评估和完善的工作机制。它具有两个属性：一是实践性。实践是检验真理的唯一标准。廉政文化建设通用模式是否能够发挥预定的效果，要通过实践检验。二是创新性。事物是发展变化的，廉政文化建设也不例外。廉政文化建设通用模式要与时俱进，既要根据实践效果，针对不足不断改进，还要根据廉政建设任务和形势的变化不断完善。

1 组织实施

高速公路项目建设单位纪检监察机构负责评估工作的组织实施，按照统一工作流程(图5-1)进行。

2 主题内容

评估对象为“高速公路建设项目廉政文化建设通用模式”中的每项工作内容、工作标准和要求，主要评估项目见图5-2 ~ 图5-6，评估工作事项见表5-1。

3 评估结论判定标准

评估结论分为“满足”、“改进”、“不满足”三档(表5-1)，其判定标准为：

满足——按规定执行后效果良好，无明显缺陷。

改进——按规定执行后有效果，但是根据实践证明还有一定不足和差距。

不满足——按规定执行后效果不佳，不符合实际。

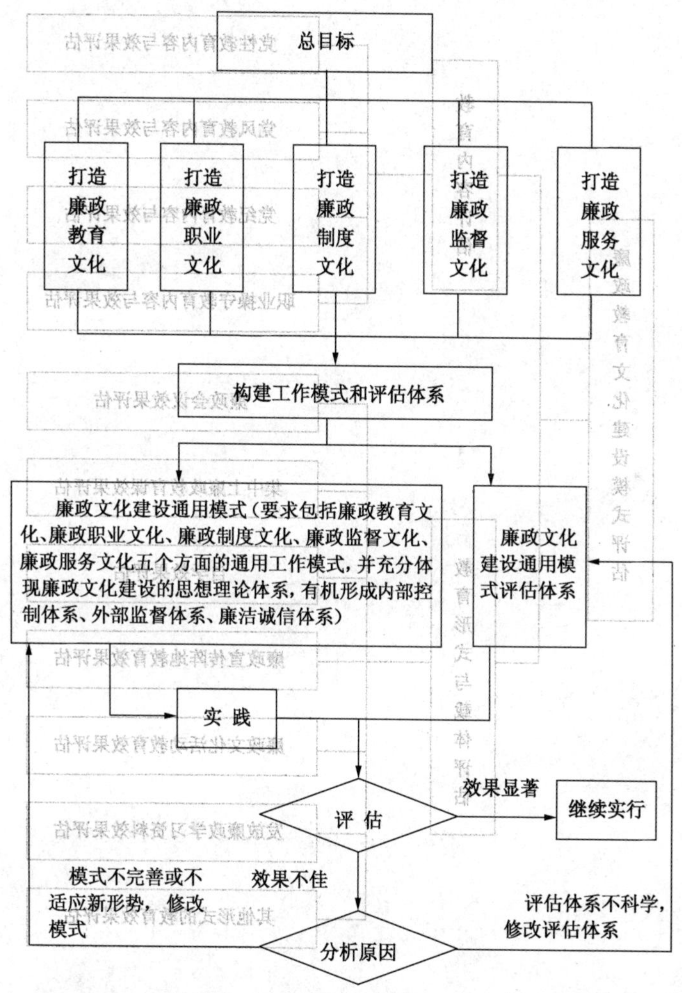

图 5-1　廉政文化建设通用模式效力评估工作流程图

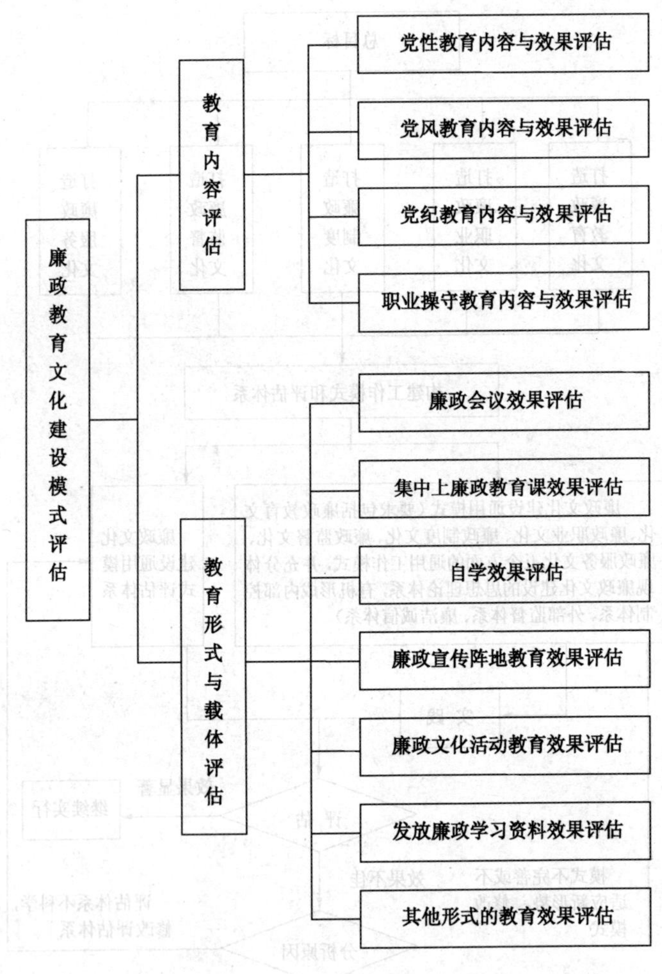

图 5-2　廉政教育文化建设模式效力评估项目示意图

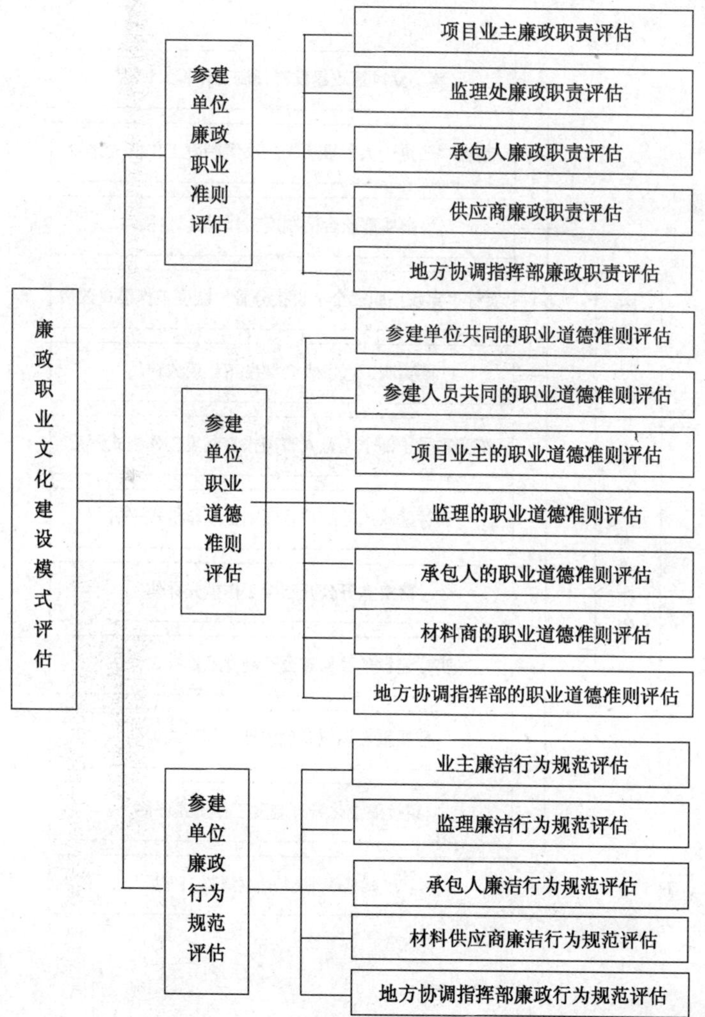

图5-3 廉政职业文化建设模式效力评估项目示意图

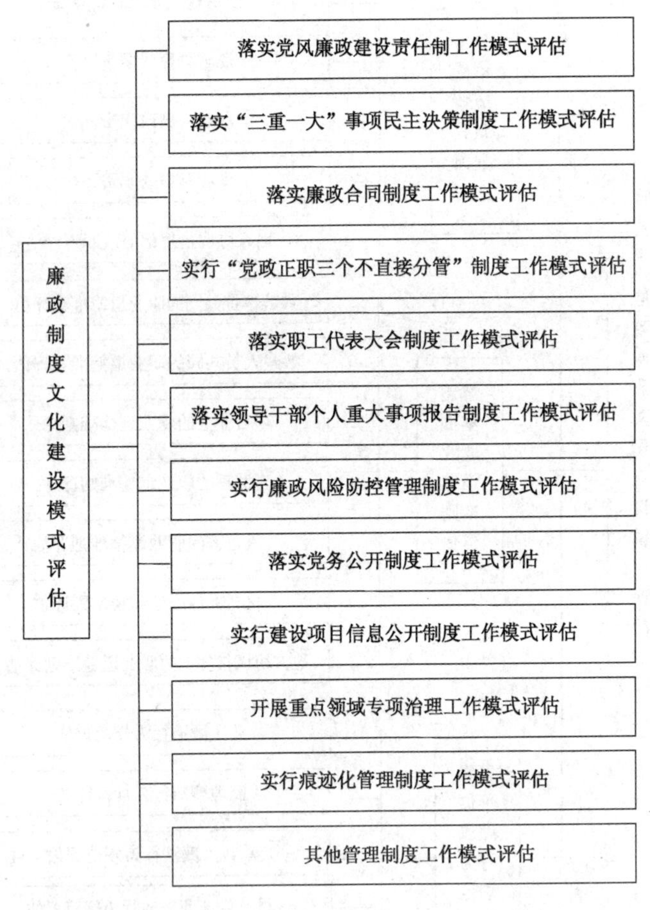

图5-4　廉政制度文化建设模式效力评估项目示意图

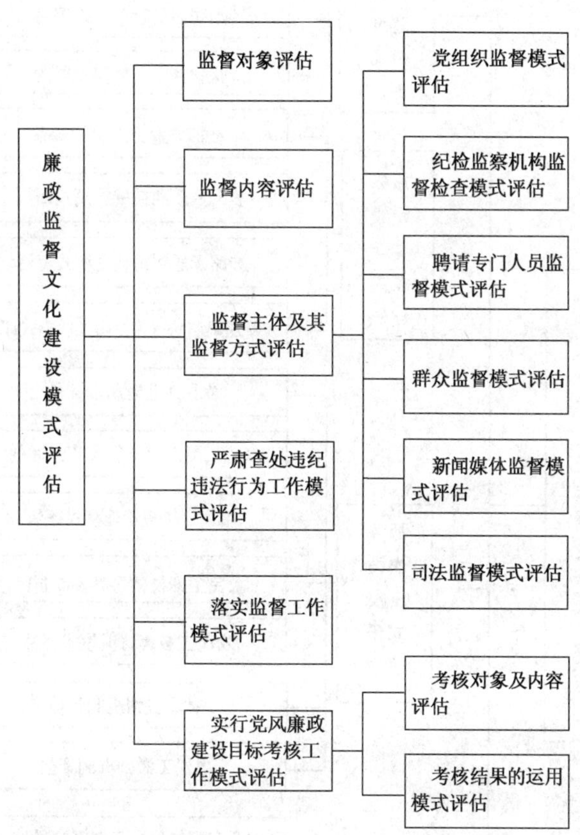

图 5-5　廉政监督文化建设模式效力评估项目示意图

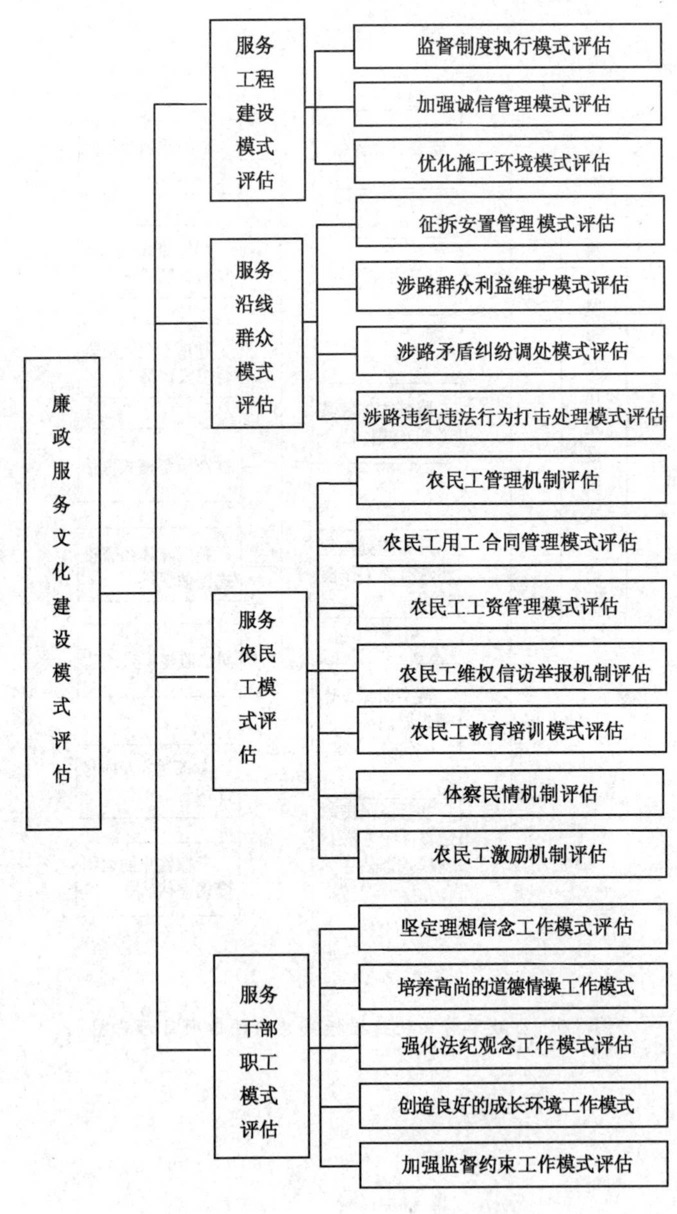

图 5-6　廉政服务文化建设模式效力评估项目示意图

廉政文化建设模式效力评估表 表 5-1

序号	评估项目	评定结果			不足表现及原因	意见与建议
		满足	改进	不满足		
一	**廉政教育文化建设模式**					
1	党性教育内容					
2	党风教育内容					
3	党纪教育内容					
4	职业操守教育					
5	召开廉政会议					
6	集中上廉政教育课					
7	组织自学					
8	建立廉政宣传阵地					
9	开展廉政文化活动					
10	发放廉政学习资料					
11	其他形式					
二	**廉政职业文化建设模式**					
12	项目业主廉政职责					
13	监理处廉政职责					
14	承包人廉政职责					
15	供应商廉政职责					
16	地方协调指挥部廉政职责					
17	参建单位共同的职业道德准则					
18	参建人员共同的职业道德准则					
19	项目业主的职业道德准则					
20	监理的职业道德准则					
21	承包人的职业道德准则					
22	材料商的职业道德准则					
23	地方协调指挥部的职业道德准则					
24	业主廉洁行为规范					
25	监理廉洁行为规范					
26	承包人廉洁行为规范					
27	供应商廉洁行为规范					
28	地方协调指挥部廉洁行为规范					

续上表

序号	评估项目	评定结果			不足表现及原因	意见与建议
		满足	改进	不满足		
三	**廉政制度文化建设模式**					
29	落实党风廉政建设责任制工作模式					
30	落实“三重一大”事项民主决策制度工作模式					
31	落实廉政合同制度工作模式					
32	实行“党政正职三个不直接分管”制度工作模式					
33	落实职工代表大会制度工作模式					
34	落实领导干部个人重大事项报告制度工作模式					
35	实行廉政风险防控管理制度工作模式					
36	落实党务公开制度工作模式					
37	实行建设项目信息公开制度工作模式					
38	开展重点领域专项治理工作模式					
39	实行痕迹化管理制度工作模式					
40	不断完善管理制度体系工作模式					
四	**廉政监督文化建设模式**					
41	监督对象					
42	监督内容					
43	党组织监督模式					
44	纪检监察机构监督检查模式					
45	聘请专门人员监督模式					
46	群众监督模式					
47	新闻媒体监督模式					
48	司法监督模式					
49	监督措施模式					
50	严肃查处违纪违法行为工作模式					
51	党风廉政建设目标考核					
五	**廉政服务文化建设模式**					
52	监督制度执行模式					
53	加强诚信管理模式					
54	优化施工环境模式					

续上表

序号	评估项目	评定结果			不足表现及原因	意见与建议
		满足	改进	不满足		
55	征拆安置管理模式					
56	涉路群众利益维护模式					
57	涉路矛盾纠纷调处模式					
58	涉路违纪违法行为打击处理模式					
59	农民工管理机制					
60	农民工用工合同管理模式					
61	农民工工资管理模式					
62	农民工维权信访举报机制					
63	农民工教育培训模式					
64	体察民情机制					
65	农民工激励机制					
66	坚定理想信念工作模式					
67	培养高尚的道德情操工作模式					
68	强化法纪观念工作模式					
69	创造良好的成长环境工作模式					
70	加强监督约束工作模式					
六	**其他**					
71	廉政文化建设通用模式应用指南					
72	廉政文化建设考评办法					

第 6 章　廉政文化建设创新性实践

本书研讨的“廉政文化”是一个突破了传统意义的全新的概念，在第 2 章和第 3 章的前部分，进行了高速公路廉政文化建设的理论探索，在第 3 章里，明确了湖南高速公路建设项目廉政文化建设的详细工作要求。为了使读者更好地了解这个模式，本章选录了高速公路建设项目廉政文化建设的部分实例，旨在通过这些实例，增强对《湖南省高速公路建设项目廉政文化建设通用模式》(以下简称《模式》)的感性认识，以利于对《模式》的理解和应用。其中，在《模式》的廉政教育文化、廉政职业文化、廉政制度文化、廉政监督文化和廉政服务文化共“五个文化”方面都选录了实际应用的例子。这些实例也仅反映了“五个文化”的某个方面或者某个点，以供参考。

1　廉政教育文化建设实例

这里选取如下三个廉政教育文化的实例：

(1) 以湖南省高速公路建设项目开展的廉政教育活动举例说明廉政教育的形式与载体。

(2) 以湖南省吉怀高速公路建设开发有限公司廉政文化走廊举例说明廉政宣传。

(3) 以湖南省通平高速公路建设开发有限公司开展的“双核驱动式”系列廉政教育活动举例说明“家庭助廉”活动。

1.1　教育形式与载体实例

1.1.1　召开廉政会议

1.1.2 集中上廉政教育课

湖南省交通运输厅、湖南省高速公路管理局领导上廉政课

项目公司主要领导讲授廉政党课

湖南省高速公路系统每季度召开一次纪委书记联系会

施工单位廉政教育工作会

湖南省宁道高速公路建设开发有限公司廉政知识讲座、廉政座谈会

湖南省垄茶高速公路建设开发有限公司组织干部职工听当地老红军、老八路到公司讲革命传统故事和组织勤廉主题演讲

湖南省垄茶高速公路建设开发有限公司组织干部职工听党课，学习《廉政准则》

1.1.3 组织自学

湖南省垄茶高速公路建设开发有限公司以红色文化和廉政建设为题材，多方收集、陈列茶陵红军时期有教育意义的书籍及实物、图片，放置廉政读物等。

湖南省垄茶高速公路建设开发有限公司学习阅览室供职工自学

1.1.4 建立廉政宣传阵地

1）因地制宜建立廉政文化长廊

湖南省垄茶高速公路建设开发有限公司利用机关的走廊精心打造廉政文化“清风廊”，营造浓厚的廉政氛围，使廉政文化植根于干部职工心中，增强向心力、凝聚力和拒腐防变意识

2）定期更新廉政宣传栏

湖南省大浏高速公路建设开发有限公司廉政宣传橱窗

3）在办公场所张贴、悬挂廉政标语和格言警句

湖南省大浏高速公路建设开发有限公司办公楼走廊廉政格言警句

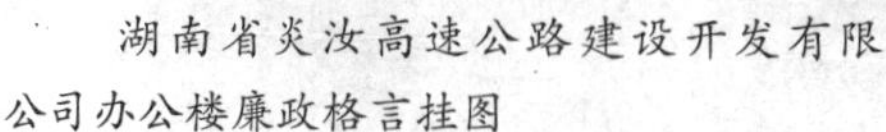

湖南省炎汝高速公路建设开发有限公司办公楼廉政格言挂图

湖南省通平高速公路施工单位、监理单位廉政文化建设

湖南省垄茶高速公路建设开发有限公司领导干部办公室的廉政格言挂图

4）在单位网站、内部刊物设置廉政专栏，开辟廉政论坛

湖南省垄茶高速公路建设开发有限公司网站全貌，其中设立了“廉政建设”、“工程建设领域突出问题专项治理”专栏，公布了廉政举报和监督电话，收录了公司干部职工对于党风廉政建设的建议和意见

廉政建设

- 茶茶公司召开领导班子2011年度述职述廉大会
- 茶茶公司积极召开专题民主生活会贯彻落实《廉政准则》
- 茶茶公司积极开展2011年上半年党员创先争优群众评议工作
- 茶茶公司组织全体员工参观株洲市茶陵监狱 开展警示教育
- 茶茶公司第一时间解决民工劳务纠纷
- 茶茶高速公路财务廉政风险防控工作
- 防范于未然 廉洁自律 做好基础工作
- 关于招标及计量过程中廉政风险防控简析
- 对2010年高速公路会议上的工作报告之思考
- 中国共产党党员领导干部廉洁从政若干准则
- 茶茶公司积极开展"做党的忠诚卫士、当群众的贴心人"主题实践活动
- 藏器于身，待时而动 为铸亮湖南高速公路事业的图腾而努力奋斗
- 中共中央纪委关于严格禁止利用职务上的便利谋取不正当利益的若干规定(全文)
- 党政领导干部任职回避暂行规定

湖南省茶茶高速公路建设开发有限公司网站"廉政建设"专栏刊登的干部职工稿件

1.1.5 开展廉政文化活动

1）开展红色文化教育

湖南省茶陵、炎陵等多地是革命老区，革命前辈艰苦奋斗、廉洁自律等光荣传统形成了我国独特的红色文化，为廉政建设留下了宝贵财富，各项目单位在这片红色的热土上充分发掘和利用得天独厚的红色资源，开展独具特色的党风廉政建设教育，将红色文化引进机关，深入人心。

湖南省大浏高速公路建设开发有限公司党员干部在井冈山接受革命传统教育

湖南省大浏高速公路建设开发有限公司党员干部在红岩接受革命传统教育

湖南省炎汝高速公路建设开发有限公司在“七一”、“十一”等党和国家重要纪念日组织党员干部重走红军路，参观红色根据地，并现场聘请老红军授课

湖南省垄茶高速公路建设开发有限公司组织全体党员前往延安学习

2）开展家庭助廉活动

垄茶公司邀请厅局纪委领导等给员工家属（特别是班子成员家属）上廉政教育课，努力营造良好的家庭廉政氛围，并发放家庭助廉活动倡议书和家庭助廉活动信息回馈卡，由家人及时反馈职工干部的思想境况，通过家人的规劝和提醒筑牢廉洁自律的防线。

湖南省垄茶高速公路项目“树廉洁家风、建幸福家庭”家庭助廉活动现场

3）开展廉政知识竞赛

湖南省大浏高速公路建设开发有限公司举办廉政知识抢答赛

4）开展廉政演讲比赛

湖南省大浏高速公路建设开发有限公司举办的廉政演讲赛

5）开展红歌比赛

湖南省炎汝高速公路建设开发有限公司纪委利用“红歌汇”的平台，改革新形势下教育模式，结合红色教育内容编排、演出红色廉政小品

6）开展书画征文活动

开展以廉政为主题的书画、征文和格言警句、楹联征集活动。

湖南省垄茶高速公路建设开发有限公司书法笔会

7）发送廉政短信

定时在单位 QQ 群或干部的手机上发送廉政短信，使廉政教育形成常态，警钟长鸣。

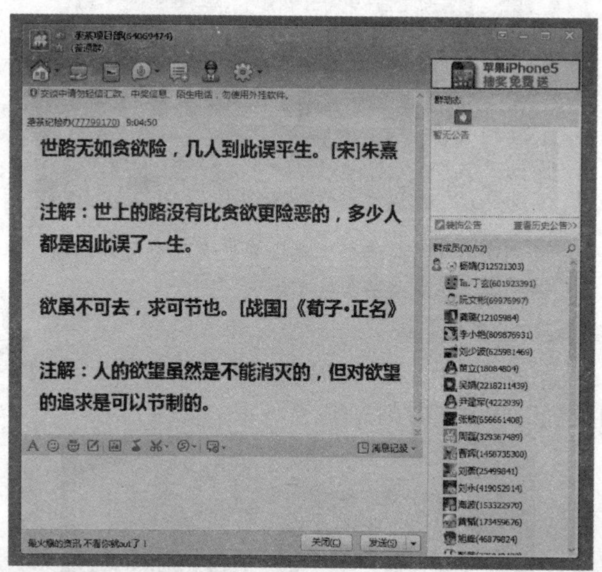

湖南省垄茶高速公路建设开发有限公司纪检办在公司 QQ 群上发送廉政警示信息

8）开展警示教育

组织干部职工参观监狱、劳教所，听服刑、劳教人员忏悔、现身说法，感受服刑贪官的“铁窗泪”，剖析发生在身边的腐败案件，汲取深刻教训。

湖南省垄茶高速公路建设开发有限公司组织干部职工前往廉政教育警示基地茶陵县第一监狱参观，接受反腐倡廉警示教育

9）组织观看廉政影视教育片

定期组织干部职工及其家属集中观看廉政影视教育片，组织讨论、撰写观后感，推荐发表和奖励优秀的以廉政为题材的文章。

湖南省垄茶高速公路建设开发有限公司定期组织干部职工观看警示教育片

1.1.6　发放廉政学习资料

以“口袋书”等形式，印发反腐倡廉经典故事小册、廉政格言警句小册、廉政规定，方便随时学习，时刻提醒。

湖南省垄茶高速公路建设开发有限公司印发以廉政为主要内容的员工素质读本

内部资料
注意保存

警示教育资料

湖南省交通运输厅
2012年11月

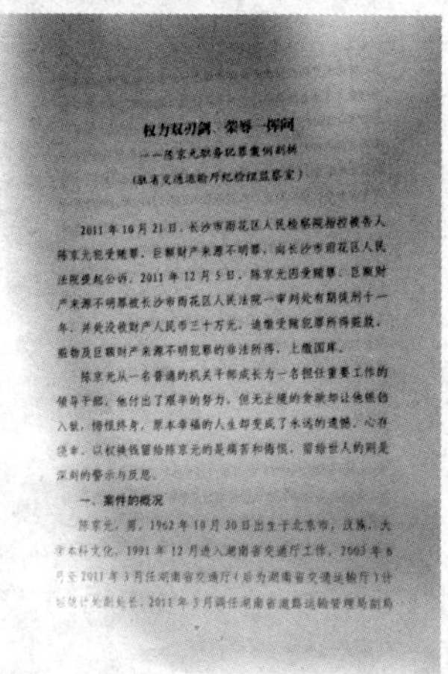

权力双刃剑 荣辱一瞬间
——陈京元职务犯罪案例剖析
（驻省交通运输厅纪检组监察室）

2011年10月21日，长沙市雨花区人民检察院指控被告人陈京元犯受贿罪、巨额财产来源不明罪，向长沙市雨花区人民法院提起公诉。2011年12月5日，陈京元因受贿罪、巨额财产来源不明罪被长沙市雨花区人民法院一审判处有期徒刑十一年，并处没收财产人民币三十万元，追缴受贿犯罪所得赃款、赃物及巨额财产来源不明犯罪的非法所得，上缴国库。

陈京元从一名普通的机关干部成长为一名担任重要工作的领导干部，他付出了艰辛的努力，但无止境的贪欲却让他锒铛入狱，悔恨终身，原本幸福的人生却变成了永远的遗憾。心存侥幸、以权谋私留给陈京元的是痛苦和悔恨，留给世人的则是深刻的警示与反思。

一、案件的概况

陈京元，男，1962年10月30日出生于北京市，汉族，大学本科文化。1991年12月进入湖南省交通厅工作，2003年6月至2011年3月任湖南省交通厅（后为湖南省交通运输厅）计划统计处副处长，2011年3月调任湖南省道路运输管理局副局

湖南省交通运输厅印发的警示教育资料

湖南省高速公路管理局纪委发放的警示教育资料

1.1.7 其他教育形式

1）组织开展访贫思廉活动

组织党员干部下工地，到扶贫联系点和结对帮扶对象家里走访，深入了解和体察民情，为基层员工排忧，为群众解决实际困难。

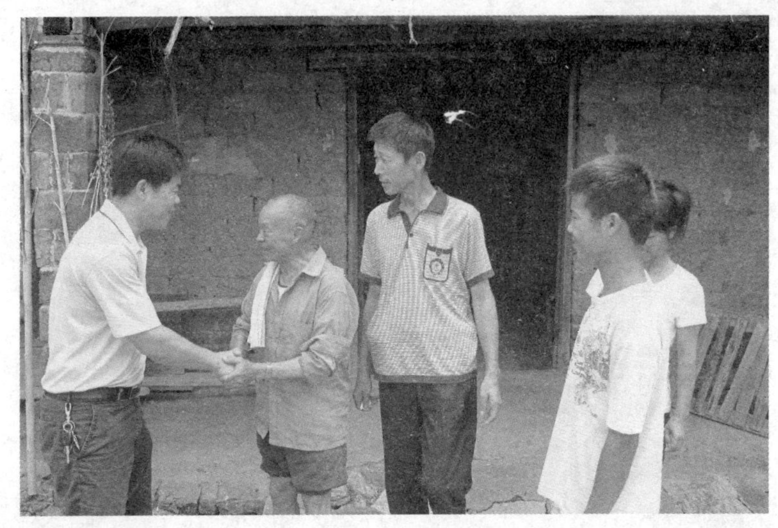

湖南省垄茶高速公路建设开发有限公司领导干部走出办公室，下工地，走访沿线贫困对象家，切实为群众解决实际困难

湖南省垄茶高速公路建设开发有限公司开展路地共建捐资助学活动

2）慰问老红军

慰问在建高速公路沿线的老红军，听他们言传身教，讲述革命战争年代的廉政故事。

1.2 廉政宣传实例

——吉怀高速公路廉政文化长廊建设

吉怀高速公路于2008年9月开工。建设期间，湖南省吉怀高速公路建设开发有限公司、湖南省吉怀高速公路总监办公室坚持抓廉政促项目建设。吉怀公司和总监办紧扣项目建设，结合大湘西地域文化，创新工作思路，在全线以开展廉政建设为主题的格言警句、读书征文、书画摄影、演讲、文艺晚会等“五个一”主题活动为龙头，加强廉政文化建设，搭建了路地各参建单位干部职工和沿线群众踊跃参与的廉政文化交流平台，创造了浓厚的廉政、和谐氛围，保障了工程顺利进行。

1.2.1 廉政文化长廊概况

吉怀高速公路廉政文化长廊全貌

长廊共有展板26块，总长93m，宽1.5m，共计139.5m^2。文化长廊共分“前言、领导关怀、廉政格言获奖作品、廉政文化建设文艺晚会巡礼、书法作品展览、美术作品展览、摄影作品展览、读书征文、廉政文化建设演讲比赛、结束语”等十个部分，其中展出廉政格言获奖作品14条，书法、美术摄影获奖作品66件、廉政文化建设文艺晚会获奖节目11个，读书征文获奖作品15篇，廉政文化演讲比赛获奖作品14个。

1.2.2 构建廉政文化长廊的“五个一”主题活动

吉怀高速公路廉政文化“五个一”主题活动是廉政文化长廊的重要组成部分。从2010年3月开始，吉怀公司、总监办在全线开展了格言警句、读书征文、书画摄影、演讲、廉政主题晚会等廉政文化“五个一”主题活动。

1）活动的组织领导

成立吉怀高速公路廉政文化“五个一”主题活动组委会，由吉怀高速公路建设开发有限公司领导班子成员和各部门主要负责人以及地方市州协调指挥部、各监理处处长、承包人项目部主要负责人组成，吉怀公司经理任组委会主任，组委会办公室设吉怀公司纪委。

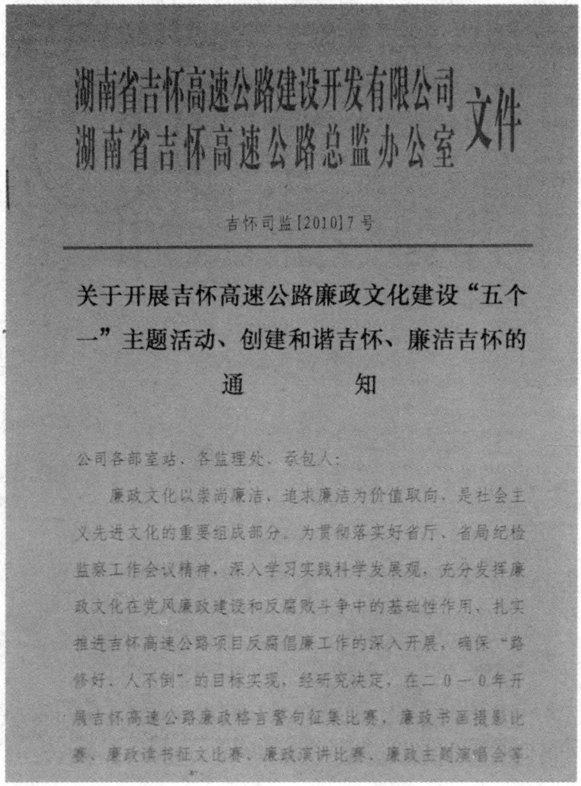

湖南省吉怀高速公路建设开发有限公司
湖南省吉怀高速公路总监办公室 文件

吉怀司监[2010]7号

关于开展吉怀高速公路廉政文化建设“五个一”主题活动、创建和谐吉怀、廉洁吉怀的通知

公司各部室站、各监理处、承包人：

廉政文化以崇尚廉洁、追求廉洁为价值取向，是社会主义先进文化的重要组成部分。为贯彻落实好省厅、省局纪检监察工作会议精神，深入学习实践科学发展观，充分发挥廉政文化在党风廉政建设和反腐败斗争中的基础性作用，扎实推进吉怀高速公路项目反腐倡廉工作的深入开展，确保“路修好，人不倒”的目标实现，经研究决定，在二〇一〇年开展吉怀高速公路廉政格言警句征集比赛，廉政书画摄影比赛、廉政读书征文比赛、廉政演讲比赛、廉政主题演唱会等

廉政文化建设“五个一”活动文件

2）基本要求

（1）各单位要提高认识、加强领导，根据统一要求确定专人负责，认真组织、积极参加吉怀高速公路廉政文化建设“五个一”主题活动。

（2）“五个一”主题活动作为吉怀高速公路项目年度重要活动，活动开展情况将纳入廉政合同履约检查。活动组委会将邀请各行业专家组成评审组进行评审。

（3）评选“五个一”主题活动组织奖，对获奖作者将给予精神奖励和物质奖励。

3）活动开展情况

（1）参加对象

吉怀高速公路业主、市（州）县两级指挥部、施工单位、监理单位等全体建设人员。

（2）主要活动

廉政格言警句征集比赛，廉政书法、美术、摄影比赛，廉政读书征文比赛，廉政演讲比赛，廉政主题演唱会。

(3) 活动成果

项目业主、施工、监理、地方政府协调指挥部等各参建单位积极组织，全员参与，共创作了摄影作品 218 件，书法 137 件，格言警句 817 条，美术 76 件，征文 223 篇，文娱节目 36 个。邀请著名作家、艺术家对参赛节目和作品进行评审，对获奖单位和个人给予了表彰。对获奖作品(节目)举办了展览，组织参观，并结集出书。

制定“五个一”主题活动作品专家评审方案

廉政建设演讲决赛会场

书画家评审书画作品

摄影家评审摄影作品

上级领导和兄弟单位参观廉政文化长廊

关爱留守儿童

访贫问苦搞调研，公司利用红线放样之机，带领职工深入沿线 35 个村组、1 790 户村民家中，对风俗民情和“三农”情况进行了社会调查，在对比中树立“知足常乐、廉洁从业、为大湘西造福”的思想。开展丰富多彩的廉政文化活动，如以廉政为主题的论坛、诗歌朗诵会、故事会、演讲赛、腰鼓队、建设知识竞赛等。

廉政文化建设演讲比赛决赛

凤凰县协调指挥部干部深入村组与农户促膝谈心

4）主要做法

（1）以“五进”、“四结合”为抓手，突出廉政文化的先进性、传承性、群众性、实践性和实效性

“五进”——廉政文化要进每一个参建者的“头脑”，进每一个参建单位的“班子”，进每一个建设“岗位”，进每一个“工地”，进参建单位的“价值观”。

“进工地”——驻地、施工现场悬挂（张贴）廉政标语

“进头脑”——开展廉政教育，表彰先进

“进班子”——开展领导干部述廉、班子民主生活会和创先争优活动

“进价值观”——加强作风建设

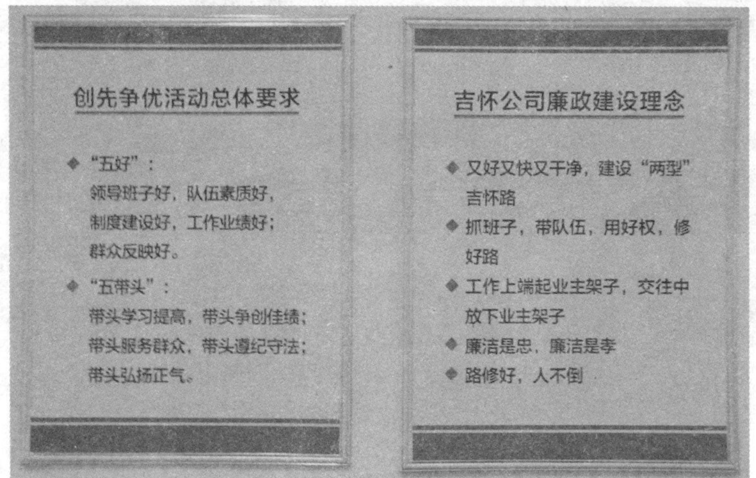

“进岗位”——办公场所廉政风险警示牌上墙

“四个结合”——文化互融，将廉政文化建设与保护大湘西优美的生态环境有机结合；娱教互动，将廉政文化与喜闻乐见的文艺形式有机结合；资源互享，廉政文化与参建单位固有的企业文化、人文环境有机结合；信息互通，廉政文化与参建单位信息公开(党务公开、办事公开、财务公开)、三资管理(资金、资产、资源管理)有机结合。

文化互融——将廉政文化建设与生态文化建设相结合，坚持从维护群众根本利益出发，保护大湘西优美的生态环境，做到施工不流土，完工不露土，力求近期有绿化效果，远期有生态效益。

吉怀高速廉政文化建设"五个一"主题活动之
"廉政美术比赛获奖作品"

吉怀高速廉政文化建设"五个一"主题活动之
"廉政美术比赛获奖作品"

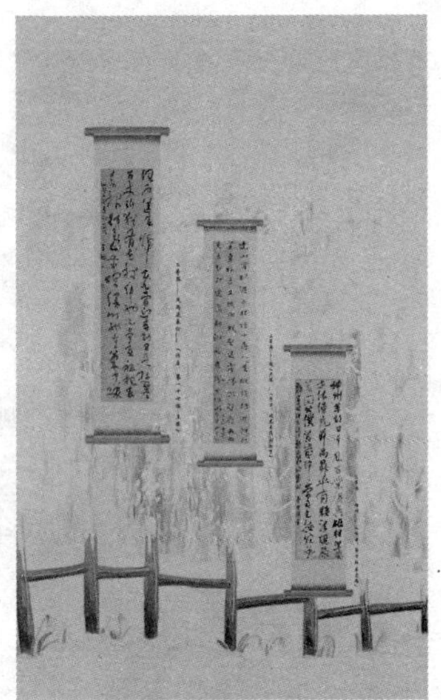

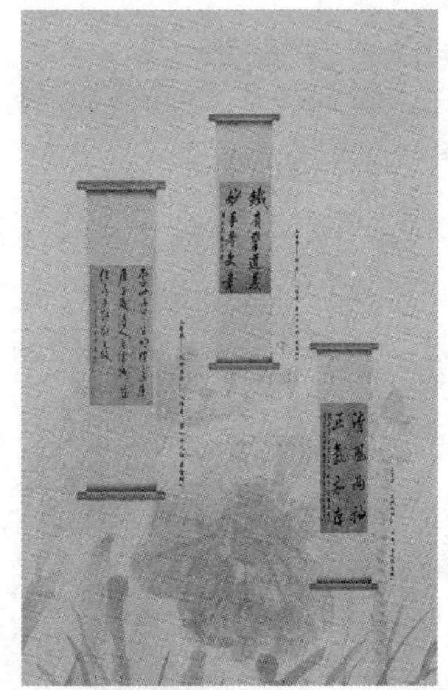

娱教互动——将廉政文化与喜闻乐见的书法、美术、摄影等文艺形式有机结合

资源互享——廉政文化与参建单位固有的企业文化，廉政建设与吉怀高速施工建设有机结合

信息互通——廉政文化建设与参建单位信息公开(党务公开、办事公开、财务公开)、三资管理(资金、资产、资源管理)有机结合

(2) 围绕中心找准切入点，促进廉政文化建设取得实效

精细化施工现场

一是紧扣精细化管理，把改进工作作风、服务发展作为项目廉政文化的切入点。吉怀公司通过召开务虚工作会议、出台《吉怀高速公路内部管理制度手册》、邀请专家领导检查把脉等形式，剖析问题，转变作风，加强管理，打造效能团队。通过全面整顿，全项目工作面貌、精神状态有了很大的提高。2010 年 1 ~6 月，全线战胜大湘西 50 年一遇的持续强降雨灾害，完成产值 11.35 亿元，为年计划的 51.59%。

公司职工瞻仰遵义会议旧址

二是紧扣工程建设领域突出问题专项治理加强廉政文化建设。一方面公司注重巩固专项治理工作成果，将工作要点、规范要求、整改难点等印发成文，组织施工、监理单位进行两次集中的自查自纠。同时，公司派员深入工地，加强检查督促指导，召开现场会 70 场次，对发现的 90 个问题进行现场会诊并整改到位。另一方面聘请了 46 名同志担任项目廉政风险防控联络员。对涉及工程钱、权、物的“敏感岗位”和“敏感区域”进行重点排查，重点防控，防患未然。

（3）通过教育促廉，提高廉政文化的感染力

教育促廉现场

一是廉政建设与工程建设同安排、同落实、同检查、同考核。利用各种场合布“廉道”，吹“廉号”，唱“廉调”，讲“廉事”，评“廉绩”。二是开展专题廉政教育。先后开展了《中国共产党党员廉洁从政若干准则》、《中国共产党纪律处分条例》、党章、法律政策、作风纪律、廉政勤政、勤俭节约建吉怀等专题学习和教育。三是开展“廉政读书月”活动。2009 年 8 月，在全线开展阅读《学哲学、用哲学》、《把信送给加西亚》、《包公传》、《书生报国》四本书活动，共收到参建者读书笔记、心得体会 252 篇，借此宣传了精忠报国、廉洁高效的精神品质。四是开展大湘西红色教育。组织参观向警予、粟裕、滕代远等湘西籍革命家故居和毛泽东遗物馆，请老人们讲雪峰山战役和湘西剿匪故事。

廉洁筑路人

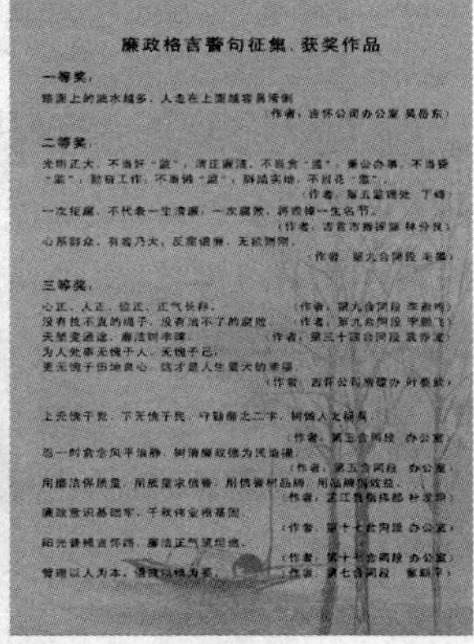

廉政格言警句征集、获奖作品

一等奖：

二等奖：

三等奖：

上无愧于党，下无愧于民，守稳廉之二字，树错人之碑

读书征文、格言警句创作比赛获奖作品

（4）通过环境示廉，提高廉政文化感染力

廉政文化建设汇报演出现场

吉怀公司多措并举，营造了浓厚的廉政建设氛围。一是运用宣传专栏、横幅、格言警句、廉政承诺、廉政合同、刊载廉政语录和廉政题词、“廉政宣传”书柜、“正气墙”、“警示墙”、“法纪墙”进行廉政宣传和行为约束。二是编印刊物导廉。编印了17 000多份《反腐倡廉“三字经”》、《吉怀高速公路廉政警示录》分发给各参建单位；在《吉怀高速公路简报》开辟廉政专栏。三是设置廉政建设QQ群、“廉政举报电话”和“廉政便民热线电话”督廉。

（5）通过地域文化助廉，提高廉政文化影响力

2009年庆国庆迎中秋路地联欢晚会现场

吉怀公司将廉政文化与五溪文化、新晃夜郎文化、芷江和平文化、红色文化有机融合，吸取地域文化中的精华，古为今用，“土”为我用，打造廉政文化。如在长寿之乡麻阳县部分“寿”石旁边竖立“廉”石。利用当地开歌堂、

演傩戏、对山歌等民俗文化形式宣传廉政文化，使参建人员接受廉政文化的熏陶。举办路地联欢晚会宣传廉政建设。

女声独唱：苗鼓声声

麻阳花灯：五溪放歌

（6）通过拆迁宣廉，提高廉政文化辐射力

拆迁宣廉现场

一是印制了12 000多套《吉怀高速公路征地拆迁办法》、《吉怀高速征地拆迁政策“三公开”》等资料，组织地方指挥部和沿线百姓学习。二是出动宣传车1 300多车次进行宣传。三是在各地巡演地方短剧《人心都是肉长的》，大力宣传了廉政拆迁、公正拆迁的典型。四是聘请了232个拆迁监督员。结果，只两个月全线即完成了80%拆迁量，妥善处理拆迁矛盾问题310多起，占

100%。全线没有出现一起贪污挪用拆迁资金和向上投诉现象。

(7) 通过典型导廉，提高廉政文化的推动力

典型导廉——全省高速公路系统纪委书记联系会暨廉政文化建设观摩会现场

吉怀公司注重正反两方面典型的示范和警示作用。一方面，对正面典型加以表彰和推广。如毅然“驱赶”想承揽石材供应的亲戚的公司某主要领导、拒收施工队钱物的项目经理、铁心铁面铁腕抓质量的监理处长，在全线引起很好反响。另一方面，以反面典型进行警示教育，严肃查处违纪违规行为。严肃处理了克扣村民资金、唆使村民阻工闹事的怀化鹤城区某村支书等。

1.2.3 主要成效

吉怀公司将廉政文化建设贯穿于各个工作环节，促进并形成了“又好又快又干净，建设两型吉怀路”的工作格局，富有吉怀特色的廉政文化从“软”、“硬”两方面助推了吉怀高速的发展。

开工建设以来取得的荣誉

一是提升吉怀高速建设发展的软实力。吉怀公司创新性的廉政文化建设，促使业主、施工、监理、地方指挥部领导班子建设大大加强，各项规章制度不断完善，廉政理念深入人心，有力推进了项目建设。吉怀公司被评为2009年度湖南省重点建设项目目标管理先进单位；沿线2个地方协调指挥部、1个监理单位、1个项目经理部得到了省政府的表彰；4个施工项目部获得“党风廉政建设示范单位”称号。省委常委、常务副省长于来山对项目施工建设和廉政建设给予了高度评价。

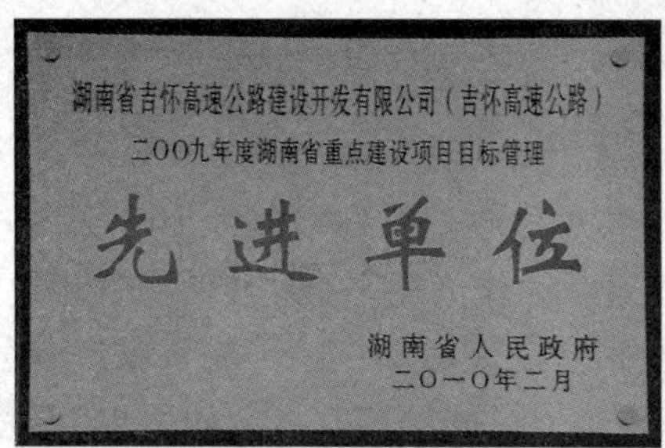

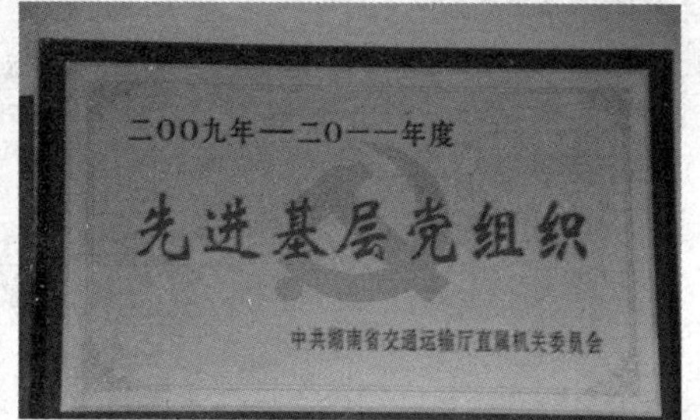

二是铸就吉怀高速发展的硬实力。廉政就是生产力。廉政文化建设有力地促进了吉怀高速项目建设。截至2010年9月底，累计完成投资41.51亿元，占批复概算的47.1%。其中，2009年完成投资25.13亿元，是省政府下达年度计划15亿元的167.5%，项目各分部工程质量优良率达95%。

1.3 “家庭助廉”活动

——湖南省通平高速公路建设开发有限公司“双核驱动式”廉政教育

家庭是社会的基本单位，是维系亲情、培养道德、传承文化价值观念和家庭成员健康成长的重要场所，同时也是加强教育，强化监督，从源头预防腐败的重要阵地。

通平公司职工及其家属在《创建廉洁家庭承诺书》上签名承诺

1.3.1 “双核驱动式”系列廉政教育的基本理念及结构流程

在具体实施中，通平公司一是注重发挥双核心的互补功能，加强交流互动，使二者相得益彰；二是注重把家庭助廉驱动作为通平公司“双核驱动式”廉政教育的一个重要组成部分，积极开展家庭助廉活动；三是注重家庭、公司指导对方科学、有效地开展公司员工和家庭成员的廉政教育活动(结构流程图见图6-1)。

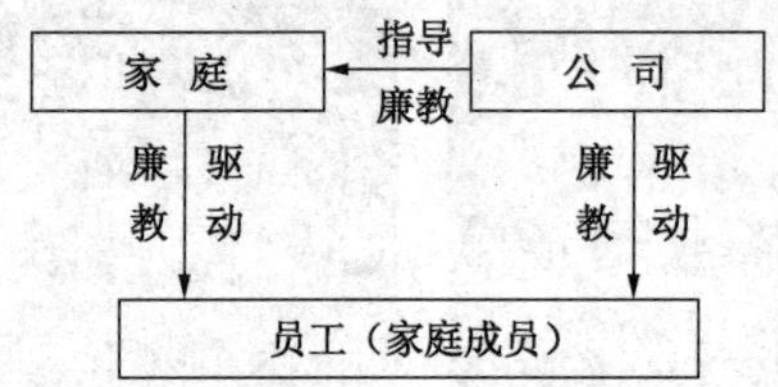

图6-1 “双核驱动式”廉政教育结构流程图

1.3.2 “双核驱动式”系列廉政教育活动启动仪式举行

积极搭建公司和干部职工家庭之间的互动交流平台，提高廉政教育成效，确保公司干部职工安全、家庭和谐和项目建设廉洁。从2010年4月开始，通平公司就在干部职工中扎实开展了“双核驱动式”系列廉政教育活动。2010年4月2日，公司在长沙举行了“双核驱动式”系列教育活动启动仪式。省交通运输厅原党组成员、纪检组长汤新建，省高管局党委委员、纪委书记孟繁魁等厅局领导应邀出席仪式并讲话。

通平高速公路公司经理罗卫华致词，指出：家庭、公司是通平高速公路公司廉政教育系统工程的双核心驱动器，搭建双核驱动廉政教育平台，能够提高廉政教育成效，充分发挥双核心的互补功能，密切加强家庭和单位两者的廉政互动交流、形成对公司员工廉政教育的双核驱动力，是有效保证公司干部职工自身安全、家庭和谐和建设事业健康发展的关键。

通平公司党委副书记、纪委书记张龙兴代表公司纪委宣读《致公司员工家属创建廉洁家庭倡议书》，倡导全体干部职工家属要筑牢家庭廉政反腐防线，做到事业上多一分支持，感情上多一分理解，生活上多一分关心，廉洁上多一分把关，关键时多一分提醒，倡议书得到了全体家属的热烈响应和支持。

在启动仪式活动现场，公司全体干部职工及家属在主题宣传横幅上签名，表达“共塑廉洁家庭、共建廉洁高速”的决心。家属代表发言并号召全体干部职工家属争创廉洁家风，做好“贤内助”、当好“廉内助”，积极构建和谐、健康、文明的廉洁家庭。

1.3.3 “双核驱动式”系列廉政教育活动主要做法

通平公司把家庭廉教工作与公司的廉教工作紧密结合起来，形成廉教工作的大格局、大视域，通过统筹规划，真正把“双核驱动式”这个平台用活用好，为有效地构筑公司廉政教育长效机制奠定扎实的基础。

1）开辟廉政教育论坛和党风廉政专栏

“双核驱动式”系列教育活动启动仪式圆满结束后，为了使对党员干部的廉洁、纪律教育落到实处、影响持久，公司党委在公司网站和杂志上开辟了廉政教育论坛和党风廉政专栏，建立固定的宣传阵地。公司和监理、施工单位热情很高，纷纷组织撰文投稿，从不同角度表达对党风廉政建设的真知灼见，推动了公司及项目全线参建单位的党风廉政建设。

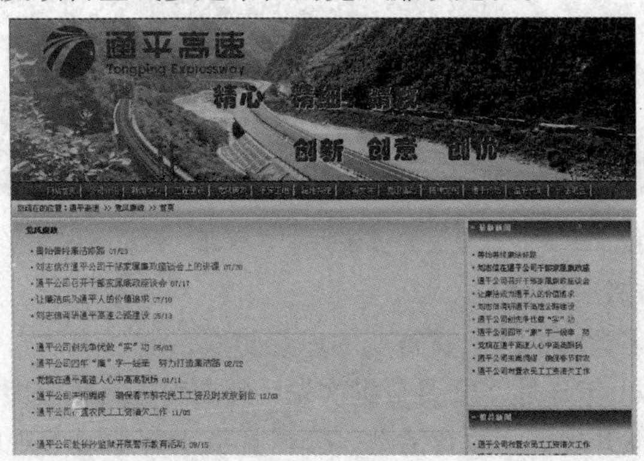

通平公司网站“党风廉政”专栏

2）举办领导、专家学者的廉政讲座

通平公司充分利用“双核驱动式”系列廉政教育这个平台，努力实现廉政教育的长效化和常态化。

通平公司邀请湖南省监察厅驻省交通运输厅纪检组长刘志信、省高管局纪委书记孟繁魁、平江县党史办原主任林辉、岳阳市委党校副校长刘建新、国防科大刘宗胜教授等成功举办了一系列廉政和党性教育专题讲座。

通过一系列专题讲座的成功举办，公司党员干部廉洁自律意识大大增强，精神面貌焕然一新。

2012年7月14日，湖南省交通运输厅党组成员、驻厅纪检组长刘志信应邀出席通平公司干部家属廉政座谈会，并作题为《夫妻共同营造温馨、宁静、廉洁的“港湾”》的专题讲座

湖南省高速公路管理局党委委员、纪委书记孟繁魁在通平公司进行廉政教育专题讲座

岳阳市委党校副校长刘建新为通平公司干部职工讲廉政课

3）开展警示教育活动

为进一步筑牢党员干部拒腐防变的思想防线，增强廉洁自律意识，公司组织党员干部于2011年9月、12月分批次先后赴湖南省反腐倡廉警示教育基地长沙监狱和岳阳监狱开展警示教育活动。公司党员干部通过参观服刑人员的劳动场所，观看反腐倡廉警示案例图片展和警示教育专题片等形式，思想得到了震撼，心灵得到了净化，一致表示要不断加强修养和世界观的改造，不断提升反

腐倡廉的自觉性和拒腐防变的免疫力，真正做到能抵抗诱惑、管住小节、守住清贫，在本职工作中用上不愧天、下不愧地的实际行动来回报社会、感恩父母。

通平公司干部参观长沙监狱接受警示教育

4）遵循文化教育规律，因地制宜开展廉洁教育

遵循文化教育规律，不断促进廉洁理念由浅入深，不断潜移默化，对于廉洁素材的提取，坚持“因地制宜”。通平高速公路地处革命老区平江，通平公司注重依托老区红色文化因地制宜地开展廉洁教育。通过不断挖掘、提炼当地丰富历史文化中的廉洁要素，创设了一批廉教宣传载体。

通平公司干部职工听老红军讲革命故事接受党性教育

通平公司多次组织员工参观平江起义纪念馆、平江烈士陵园、平江杜甫墓祠等红色教育基地，坚持用红色文化要素熏陶和培养干部职工的廉洁情怀。

通平公司干部职工瞻仰平江烈士陵园

5）定期召开干部家属廉政座谈会

注重整合家庭廉教资源，充分发挥家属在廉洁教育中的不可替代的重要作用，做到“家庭设纪委，常敲廉政钟”。通平公司定期召开干部家属廉政座谈会。会上，干部和家属踊跃发言，从各自不同的角度畅谈了开展廉洁教育的感受和体会，并就后段廉政建设工作提出了许多宝贵的意见和建议。

2012年7月14日，通平公司召开“双核驱动式”系列廉政教育活动干部家属座谈会，省交通运输厅党组成员、驻厅纪检组组长刘志信，驻厅纪检组副组长颜杰斌，省高管局党委委员、纪委书记孟繁魁，局监察室主任赵飞跃、副主任胡幼龙应邀出席会议

1.3.4 主要成效

1）公司廉政教育力量由“弱”变“强”

一是发挥了大宣教格局优势，形成党风廉政教育上下联动、齐抓共管的整体合力；二是认真落实了党委班子成员对分管部门的定期廉政谈话和廉政党课制度；三是建立了由党委、纪检、新闻中心等部门组成的联动工作制度，及时解决廉政教育中出现的问题，不断调整党风廉政教育思路；四是充分发挥了党支部的教育基地作用，夯实廉政教育基础。

2）公司党员干部和家属思想觉悟大大提升

通过几年来“双核驱动式”系列廉政教育活动的稳步推进，党员干部和家属的廉洁素养明显提高。

实践证明，“双核驱动式”廉政教育活动不失为一种单位与家庭廉洁互动的防腐倡廉的好模式。但是，在实施过程中应该还有更多更广的活动空间。通平公司打算充分利用双核驱动式廉政教育这个平台，在具体做法上，作一些新的尝试与探索，为今后通车运营管理提供更多的单位与家庭双核驱动廉政教育的成功经验，巩固发扬这一成果。

附录：

附录一　夫妻共同营造温馨、宁静、廉洁的“港湾”

——在通平公司干部家属廉政座谈会上的发言

附录二　创建廉洁家庭倡议书

——致通平公司干部职工家属的公开信

附录三　创建廉洁家庭承诺书

附录四　2012 年 7 月 14 日廉政座谈会上干部家属发言剪辑

附录一

夫妻共同营造温馨、宁静、廉洁的“港湾”

——在通平公司干部家属廉政座谈会上的发言

湖南省交通运输厅党组成员、纪检组长　刘志信

（2012 年 7 月 14 日）

首先我代表厅党组、纪检组对战斗在炎热工地第一线的干部职工表示亲切慰问，向干部职工家属对通平高速的建设及对配偶工作的理解、支持表示感谢。

下面，我和大家探讨两个问题。

一、家庭助廉的重要作用

从正反两个方面来谈谈这个问题。

从正面来讲，“家庭助廉”，对于领导干部预防和抵制腐败具有不可替代的作用。

一是可以帮助领导干部远离腐败诱惑。腐败的原因有很多，贪婪是最关键的因素。当领导干部面临腐败机会的时候，是选择投机冒险还是坚决抵制，往往会经过复杂的思想斗争，作为领导干部最亲近的家人，最容易发现他的这种思想矛盾。如果家庭成员能够及时发现问题，冷静地帮助领导干部分析腐败的危害，就有助于增加畏惧心理，消除私心杂念，抵制腐败诱惑。由于夫妻之间这种特殊的关系，丈夫的所思、所言、所行，作为妻子一般心知肚明。及时觉察丈夫的异常言行，适时校正丈夫的危险思想，有效地实施监督和制约，是妻子得天独厚的条件。

二是可以帮助领导干部悬崖勒马。大量事实证明，一些领导干部蜕化变质，陷于违法乱纪的泥坑，往往是从自律不严，贪图享受，吃喝玩乐，生活小节的不检点开始的。有的追逐金钱和名利，放弃理想和事业的追求，重个人利益而轻集体利益；有的贪图安逸享乐，经常出入豪华酒楼、宾馆和夜总会等高档消费场所；有的把手中的权力作为回报的筹码、疏通路子的手段，办事情要报酬，打通关系靠“红包”，结交一些不三不四的朋友，相互利用，等等。具体来说，可以归纳为以下五种形式：一是热衷于高档消费；二是热衷于比拼时尚；三是热衷于包养情人；四是热衷于海外豪赌；五是热衷于纵欲享乐。领导干部生活、工作中发生这些变化，家庭成员应该是最早发现的。发现了，不放过，不迁就，在初始阶段把他拉回来，就避免了他放纵滑向犯法。即使踩了红线，这个时候把他拉回来也不晚，也就避免了他滑向腐化堕落的深渊。

三是良好的家风可以营造领导干部拒腐防变的氛围。家风，是家庭的道德风貌、价值取向和由此决定的行为方式。一个家庭是勤俭持家，还是奢侈浪费；是追求积极向上的生活，还是沉迷于低级的生活趣味；是贪慕权位虚名，还是崇尚朴实无华；是以情换情、相互尊重善待，还是感情冷漠、缺少理解关爱，等等，这是两种截然不同家风的具体表现。良好的家风有利于家庭成员健康成长和道德品质的提高，对于领导干部来说，可以营造拒腐防变的良好氛围和环境，成就领导干部务实清廉的作风。新华出版社出版的《家风》一书，记录了老一辈革命家严格要求子女的感人故事和他们的家风。例如主管国家经济工作长达26年的李先念同志，不许孩子经商，时至今日，李家的四个子女没有一个下海。李先念同志的小女儿李小林说："我父亲教育子女，非常严格。他对外人，比对我们宽容。我爸爸就是要求我们做普通人的工作，不能当官，不能赚钱，更不能出名，把工作做好就行了，这就是我们的家风。"人民好公仆郑培民一心为民，一身正气，他的妻子杨力求就是一位"贤内助"。她全力支持郑培民勤政廉政，从不利用丈夫的权力为家庭谋取任何私利，她一直在平凡的岗位上工作，风雨天仍挤公交车上班，从不搭乘公家的"便车"，并为自己定下一个"三不"规矩，始终坚守着，即不帮人向郑培民带任何信，不传口信，不接受礼品。他们的儿子说："在廉政的问题上，爸爸把前门，妈妈把后门。"

的确，搞好家庭助廉，防止配偶违纪违法，是家庭最大的福利。这样，也许收入会少一些，但赚的都是来路正当的钱；也许房子会小一点，但拥有的却是"安乐窝"。因为你廉洁，你没有贪欲膨胀的烦恼，没有贪了之后的担心和恐惧，你会天天感到太阳都是新的，你可以舒心地享受着事业成功的喜悦，享受着家庭甜蜜的生活。难道这不是最大的福利?!

从反面来讲，"家庭不廉"也可以成为领导干部走向腐败的助推器。这样的事例和教训实在是太多了，有以下三种情况。

一是腐败自家庭打开缺口。已经揭发出来的领导干部犯罪案件有不少是家庭窝案、家族窝案，正是家风腐败、家德败坏所致。这些领导干部犯错误、犯罪，往往与家庭成员的怂恿(所谓"枕边风"、"膝下雨")密切相关。在这些案件中总可以看到，一些居心不良的人要与领导干部拉关系，要拉领导干部下水，往往先抛出"关心家庭生活"的敲门砖。有些行贿者的"红包"、"礼品"被丈夫拒收之后，继而走夫人路线，迂回包抄，请夫人"代劳"，往往如愿以偿。这类事情不胜枚举、教训惨痛。湖南省高级人民法院原院长吴振汉是中国首批32名"二级大法官"之一，执法二十多年来，他处事谨慎内敛，最后却在爱情与亲情的私欲围剿中迷航翻船，以受贿罪判处死刑，缓刑二年执行。起初，吴振汉的妻子李芝能够在老公仕途中扮演"贤内助"。1998年1月，吴振汉当选为湖南省高级人民法院院长、党组书记，他万万没有想到，在自己登上权力顶峰后，有人在背后偷偷挖他的墙脚，而这个人恰好就是他相濡以沫的妻子李芝。刚开始，吴振汉对妻子的“干政”予以坚决反对，甚至对妻子大发雷霆。但李芝的“枕边风”照吹不误，而且越吹越猛，“吹术”也越来越娴熟。她不仅死缠硬磨，还善用柔情攻势，令吴振汉心烦意乱。吴振汉为了照顾妻子的“情绪”，开始在审判活动中运用职权打“擦边球”。在他看来，只要自己在大的原则上把握住，妻子贪点小便宜也不会出什么大事。吴振汉没想到，另一个人的参与一下子将他推进了万劫不复的深渊，这个人就是他的养子吴剑雄。李芝为了榨取丈夫身上更多的“剩余价值”，和养子结成利益同盟，用爱情和亲情对大法官进行“围剿”。吴振汉经不住老婆和孩子的夹攻，选择以危险的方式疼爱儿子，把“深圳大世界商业城”二层的拍卖代理权外包给了儿子要求的人。于是，大把的钞票源源不断地流进李芝母子的腰包。在为妻儿谋取私利的同时，吴振汉的思想也发生了一百八十度的大转弯，眼看到妻儿利用手中的权力张开口袋“吞钱”，吴振汉的眼发红、心发痒。2002 年湖南高院筹建新办公楼，费用高达 2 亿多元。吴振汉亲自抓基建，从中收受巨额回扣。2004 年 6 月 7 日，吴振汉被省纪委“两规”，2005 年 2 月 1 日，吴振汉被捕，李芝与丈夫同时身陷囹圄。李芝在高墙内每天痛哭流涕，她在交代材料和审讯笔录中写道：“是我害了自己，也害了这个家。我从贤内助到贪内助，都是私欲膨胀和心魔作怪。我的丈夫原本是一个品行正直的好干部，如果不是我吹枕边风，他一定会功德圆满隐退。烧一辈子香临老吃碗狗肉，我愧对党的培养、愧对亲人、愧对作为一个妻子应有的妇德。”

二是腐败由家庭推波助澜。纵观一个个被查出的案件，我们屡屡看到这样一个令人深思的现象，那就是夫妻联手作案比例较高，贪官背后大多有一个“贪内助”。一个中饱私囊、见利忘义的贪官背后，往往有一个欲壑难填的内当家。她们从中推波助澜，对丈夫的腐败行为视而不见，甚至同流合污，帮助丈夫受贿、索取、窝藏、转赃，订立攻守同盟，开脱罪责。正是因为她们不能正确对待丈夫手中的权力，将党和人民赋予的权力作为谋取家庭私利、个人私欲的砝码，或诱使、或听任、或纵容、或帮助丈夫利用权力中饱私囊、违纪违法，不惜使党的事业和人民的利益受损，最终导致个人前途和家庭幸福的葬送。贪官与“贪内助”，权欲熏心，钱迷心窍，一旦权在手，就夫唱妇随，狼狈为奸，利用权力“一个在前台唱戏，一个在后台收钱”，共同演绎疯狂敛财的好戏。也有些贪官起初倒是不贪的，甚至以清廉自诩，但由于“另一半”贪婪，经不起“枕边风”的日刮夜吹，逐步滑向犯罪的深渊。贪官犯罪，最根本的原因是内因，是他们的蜕化变质。但是，夫妻毕竟是“一半”和“一半”的亲密关系，要有效地抵御“枕边风”的侵袭，并不是容易做到的。因此，倡导“廉内助”，在官员家庭内部筑起反腐的防线，让家庭成为廉洁、平安的港湾，实是反腐防腐的必要。

三是腐败者为家庭铤而走险。许多官员是为了家庭、为了妻子、儿女的所谓“幸福”而走向违纪乱纪，为子女谋利益而深陷泥潭。因亲情而丧失原则、立场，因亲情而置党纪国法于不顾，心存侥幸，铤而走险，最终不仅害了自己，而且害了妻子儿女，甚至落得家破人亡。因受贿被判死缓的贪官，原湖南省机械工业厅厅长林国悌与其他落马的高官不同，他生活俭朴，没有吃喝嫖赌的恶习，事事处处为家庭着想，把夫妻情、父子情演绎到极致。他不忍心让儿女受哪怕一丁点委屈。儿子毕业分配到深圳某公司工作，林国悌去看望儿子，发现儿子吃盒饭，十分心痛，见单位没重用儿子，他愤愤不平，马上利用职权把儿子聘到自己管辖的公司委以重任。他利用职权一次次索贿受贿，这种畸形的所谓亲情，正是使家庭坠入深渊的重用原因。被父母百般宠爱的、最终被引向犯罪道路的林如海向天下父母发出呼吁：“我不想推脱自己的罪责，只想诚心诚意奉劝那些身居官职的父母，如果你们爱自己的子女，就放手让他们自己去创造属于他们自己的幸福，千万不要利用权力为子女谋取非法利益。这样，不但毁了自己，也毁了整个家庭，还会毁了儿女的一生。”

二、怎样培育清廉的家风

我们常说，家庭是一个港湾，在这里，让我们得到归属感、支持感、信任感和舒畅感。快乐时有人与你共享，痛苦时有人与你分担，郁闷时有人听你抒发。殊不知，如果家庭没有正气，没有原则，家庭也容易变成人性弱点的避风港，甚至变成滋生腐败的温床，原则常常在亲情面前变通，底线往往在亲情面前弃守。人们常说，亲情是一道越不过去的坎。那么我们要怎样去培养廉洁的家风，过好亲情这道坎呢？

首先，要提高素质，坚守“三廉”。

一要“知廉”。作为领导干部家属，一定要加强学习，接受教育，提高自己的道德修养和思想品质，做到知廉明耻。树立正确的金钱观，不要贪婪。“君子爱财，取之有道”，“人不能把金钱带进坟墓，但金钱能把人带进坟墓”，钱财来路不正当，就会犯错误。要自觉崇尚节俭，力戒奢侈，艰苦朴素，追求精神生活的更高境界。正确认识爱人手中的权力不是私有财产，而是党和人民给的。不要处处显示自己有能力、有地位、有权力。作为领导干部，大大小小都有一点权力，作为家属决不能弄权用权，不能今天为了一个亲戚朋友给个方便，明天为一点蝇头小利要求开个后门。要深知大欲从小欲开始，大贪从小贪开始，一念之欲不能制，而祸流于滔天。树立正确的幸福观，不要攀比。要懂得平平淡淡才是真，淡泊名利，甘于清贫，不和他人攀比，保持知足常乐的心态，做到“知足常乐、事业为乐、苦中求乐、平安共乐”。人的一生最宝贵的不是权力，不是金钱。有人说，到医院去看望病人，就会感到身体健康最重要；到监狱去接受警示教育，就会感到自由最可贵；到火葬场送报战友，就会感到生命无价。习近平同志在中央党校省部级干部培训班上说过一句耐人寻味的话：“笼中的鸟儿，就是因为几粒小米而失去了整个天空。”所以，人生最宝贵的还是健康、自由和生命。有了钱和权，却失去了尊严，没有了健康，活着又有什么乐趣、什么意义？

二要“倡廉”。要充分发挥自己在家庭中的作用。净化家庭环境，倡导清廉家风，让廉洁成为一种生活方式。要经常提醒自己的配偶，廉洁从政，勤政为民，清清白白做官，踏踏实实做事，做到“家庭设纪委，常敲廉政钟”。尽职管好子女、亲属，教育他们依靠自己的努力和勤奋开创自己的事业，培养其积极向上的人生态度，不能借领导干部的名义或影响去谋取个人利益，把家庭建设成为一个反腐倡廉的坚强堡垒。

三要“守廉”。群众看干部，干部的家属也是群众的焦点。领导干部的家属言行举止也可以影响群众、导向群众。因此，干部家庭要特别小心谨慎，做到不站在配偶的身后越权干预、插手配偶的日常政务、影响配偶的工作决策、代配偶许诺、替别人说情，管好自己的“嘴”；不收受配偶下属或管辖单位的礼金、礼券、礼物，管好自己的“手”；不利用配偶的权力和影响找关系、走门子，管好自己的“腿”。在待人接物方面，要以平常心态与人为善，不能有“官气”，更不能有霸气。如果依仗权势欺人，招来的不只是群众对自己、对家庭的蔑视，更会影响党和政府的形象。

其次，要增强责任，把住“三关”。

身为领导干部的配偶，就意味着一种责任，要当好配偶廉洁奉公的监督员和守门员。当前要注意把住配偶的“三关”。

一是把住生活情趣关。领导干部的生活情趣不是小事，它是领导干部作风的一种表现，反映着人的精神境界和追求，影响领导干部乃至党的形象。一些人认为，“既然生活情趣是一个人的志趣和爱好问题，没有必要在这个问题上小题大做”，这种认识是十分错误和有害的。从近几年查出的领导干部违纪案件看，腐败分子走向犯罪的道路，大都是从道德品质上出问题开始的，而道德品质上的问题又是从不健康的生活情趣开始的。玩乐奢靡成风极易销蚀一个人的理想、信念和进取心，使人变得精神空虚、意志消沉、思想颓废、行为猥琐，并可能同时引发贪污受贿、失职渎职等违法乱纪行为。所以说，生活作风并非小事，那种不讲身份、不顾形象、不管影响，什么朋友都敢交、什么场合都敢去、什么钱都敢要的人；那种迷恋于打牌赌博、热衷于吃喝玩乐、沉湎于灯红酒绿，甚至包养情人，沉迷于封建迷信，求神拜佛的人，大抵都是政治上软、经济上贪、工作上浮、生活上奢、纪律上散的人。因此，作为妻子一定要善察丈夫的异常之举，一旦发现苗头和异常情况，就一定要提高警惕，深查细究，谨防丈夫在生活上出轨，在廉洁上出格。

二是把住廉洁自律关。要对防腐保廉的事情做到心明眼亮，对配偶不廉洁行为千万不能睁一只眼闭一只眼，更不能同流合污，对行贿人“走后门”的伎俩要有充分的认识，防止他们通过各种关系和手段向家庭渗透，为配偶把好门，有“一夫当关，万夫莫开”的气概，坚持将腐败拒于家门外。

三是把住违纪乱纪关。要当好战斗员，大张旗鼓、旗帜鲜明地同腐败现象作斗争。我们领导干部家属大都是女性，现代女性已不再是“两耳不闻窗外事，一生只干家务活”的家庭妇女。我们有关心国家大事，与男子享有平等的参与社会、政治、经济、文化和家庭生活的权力。对当前社会的腐败现象，我们同样深恶痛绝，有权利、有义务、也有能力做反腐保廉的先锋。对腐败现象，我们要敢于抨击；对腐败分子，我们要检举揭发；对腐败行为，我们要敢于斗争。

第三，要关心配偶，吹好“三风”。

作为妻子要了解丈夫，关心丈夫，掌握方法和技巧，调整好婚姻家庭关系，营造温馨、健康的生活氛围。理解和支持丈夫的工作，力争在事业上多一分支持，少一分拖累；在感情上多一分温暖，少一分埋怨；在生活上多一份关心，少一分苛求；在娱乐上多一些引导，少一分随便，切实使家庭成为和谐亲情的温馨空间，远离腐败的洁净港湾，反腐倡廉的牢固防线。要吹好“三风”。

一是配偶“加官进爵”时，吹吹“冷风”。丈夫得到提拔重用，是组织上培养的结果，是党和人民信任的结果，当然也是本人的努力和家庭支持的结果。每当此时，妻子要提醒丈夫不可得意忘形，要引导他明确权从哪儿来，权位谁用，要鼓励他更加忘我工作，以实际行动报答组织的关怀和同事的信任。

二是门庭若市时，吹吹“清风”。领导干部家里经常有人提着礼品礼物来拜访，如果是亲朋好友的正常往来无可厚非，但若是另有所图的人趋之若鹜，那肯定不是什么好事。这些人有的是来求办事的，有的是为了长期的感情投资。正所谓拿了别人的手短，吃了别人的嘴软，何必受人摆布，被人驱使呢。做官是一阵子的事，做人是一辈子的事，肯定会有“人走茶凉”的时候。每当这时，妻子应该提醒丈夫，不要被一些人吹捧和附势所惑，不要为名利和物欲所累，不该收的坚决不收，不该要的坚决不要，清清白白做人，堂堂正正做官，干干净净做事。

三是配偶意志消沉时，吹吹“暖风”。丈夫奔忙在外肯定很辛苦，在工作上也会有不顺心的时候。特别是领导干部工作责任大，压力也肯定是很大的，工作中难免有棘手的问题、难处的关系和产生的矛盾等。每当丈夫不顺心、情绪低落时，作为妻子就应该给予温暖的宽慰，帮助他消除心结，开阔心胸，昂扬向上。要和丈夫一起正确看待职务的升迁变化。芷江天后宫戏台有一副对联，写道“凡事莫当前，看戏何如听戏好；为人需顾后，上台终有下台时。”想当官，是人之常情。当了官，是事业成功的一个标志，可以更好地施展才华，为社会、为人民做更多的工作。但是也不能把当官看得太重。能不能当官，不仅有个人素质问题，还有机遇问题。遇到这种情况，应当想得通，丈夫想不通的时候，作为妻子，要帮助他想通，越过这道“坎”。如果想不通，不走正道，投机要官，像猴子一样露出红屁股往上爬，这样当上的官有什么意思？如果靠行贿当了官，更是违反了党纪国法，受到查处，得不偿失。

一个人、一个家庭抵制腐败的能力可能有限，但每个人和每个家庭都来抵制腐败，腐败就没有藏身之所。只要我们齐心协力，从我做起，从家庭做起，从现在做起，从点点滴滴的小事做起，堂堂正正做人，认认真真做事，安安心心生活，党风廉政建设和反腐败斗争就一定能取得更加明显的成效。给花园扎上栅栏，可以防侵扰；给良心扎上栅栏，可以拒腐蚀。让我们齐心协力扎好栅栏，把家庭营造成温馨、宁静、廉洁的港湾！

最后，把法国作家罗曼·罗兰的一句名言送给大家，让我们共勉：“我们要征服的不是高山，而是我们自己。”

附录二

创建廉洁家庭倡议书

——致通平公司干部职工家属的公开信

通平公司干部职工家属：

这是一个书写华章的时代！这是一个谱写壮歌的时代！伴随着我省抢抓机遇、加快基础设施建设的和谐乐章，通平人走过了激情飞扬的2009年，迎来了充满希冀的2010年。

峥嵘岁月竞风流！回眸2009，刚刚过去的一年在通平人的记忆里是极不平常的一年。在过去的一年里，全公司上下精诚团结，开拓进取，以饱满的激情，昂扬的斗志，科学谋划通平高速建设大局，按照"建好通平、舞好龙头"的期待和要求，秉承"求索求实、尽职尽责"公司精神和"精心、精细、精致；创新、创意、创优"公司理念，全面加快通平高速建设。经过全公司员工共同努力，超额完成了省政府年初计划任务，开创了通平高速建设的大好局面。这些成绩的取得离不开交通厅党组、高管局党委的科学决策和正确领导；离不开全公司广大干部职工的勤奋努力和扎实工作；离不开干部职工家庭的默默奉献和理解支持。一年来，广大家庭的支持，为干部职工在本职岗位上兢兢业业，认真履行工作职责增添了力量；一年来，广大家庭的理解，为干部职工在本职岗位上殚精竭虑、谋划通平科学发展提供了动力。家庭的和谐，为公司干部职工筑牢了稳固的后方。在此，我们谨向全公司所有家庭表示诚挚的感谢和深深的敬意！

"通平信心"成就"通平高速"；"通平高速"激活"通平信心"！2009年是通平高速规划建设开局之年，也是推动通平高速建设转入科学发展轨道的重要一年。蓝图已经绘就、号角已经吹响！新的目标向我们提出了更高的要求，在以后的征途中，需要我们付出更多努力和辛劳，全公司广大干部职工肩负的担子将会更重、任务也更艰巨。

三湘风流多俊杰，通平壮美敢为先！展望2010，面对党的重托、人民的期望，公司干部职工家庭有责任为家人的廉洁自律创造良好氛围。这是时代赋予我们家庭的要求，也是我们小家庭幸福长久的保证。竭诚希望全公司广大家庭担负起时代的责任和历史使命，以"倡廉洁家风，建廉洁高速"为宗旨，积极配合和支持我公司开展的"双核驱动式"系列廉政教育活动，不断提高公司员工的廉政素质，为公司员工创一流工作业绩创造条件；要坚持原则，筑牢家庭廉政防线，使家庭成为温馨牢固的大后方。努力做到：事业上多一分支持，感情上多一分理解，生活上多一分关心，廉洁上多一分把关，关键时多一分提醒，以实际行动努力塑造新时期廉洁家庭的良好形象。让我们共同勉励，共履职责，全力支持和帮助干部职工切实做到“慎欲、慎权、自律、自警”，始终保持蓬勃朝气、昂扬锐气和浩然正气，以饱满的热情投入到各项工作中，以实际行动共塑廉洁家庭，共建廉洁高速，共享幸福生活，为推动我公司建设事业又好又快发展、为把通平高速公路打造成国际国内一流精品工程作出公司家庭应有的贡献！

祝每位员工家庭阖家幸福，虎年快乐，万事如意！

中共湖南省通平高速公路建设开发有限公司纪律检查委员会

附录三

创建廉洁家庭承诺书

为营造廉洁清新的良好家风，自觉培养和提高家庭成员的廉洁意识，为积极支持、大力配合通平公司“双核驱动式”系列廉政教育活动取得圆满成功，增强通平公司员工家庭自我约束、自我管理能力，构建和谐、健康、文明的廉洁家庭，作为公司员工家属，我们承诺如下：

一、自觉学习、遵守国家的法律法规，积极参加党风廉政教育活动，不断提高家庭成员廉洁自律的自觉性和主动性。

二、积极配合支持通平公司“双核驱动式”系列廉政教育活动，使家庭成为反腐助廉的重要阵地，积极加强家庭和公司的双向沟通、信息反馈，共同营造一个温馨、廉洁的家庭环境。

三、教育管理好家庭成员，自觉抵制各种腐败的诱惑，时刻保持警惕性，常吹家庭“廉洁风”，把好员工“家门关”。

四、发扬艰苦朴素、勤俭持家的美德，营造和谐、幸福的家庭。不借婚丧嫁娶、乔迁、生日、子女入学等事大操大办，借机敛财。

五、帮助家人把好“廉政关”，不给违纪违法行为开“绿灯”，发现违纪违法苗头及时制止；搞好家庭廉政监督，时刻提醒家人自觉遵守党的纪律和廉政制度，筑牢反腐防线。

员工姓名：
家属签字：
时　　间：

附录四

2012年7月14日廉政座谈会上干部家属发言剪辑

彭荣(公司人事部李华敏的妻子)：我觉得幸福的生活并不是奢侈的物质享受，更应该注重的是放松的心情，健康的身体，以及夫妻、家人之间情感的和谐。如果你腐败了，你还能放松心情吗？一旦出现问题，你的家人还能幸福快乐吗？

张才富(公司纪委书记张龙兴的父亲)：作为长辈，我们并不看重他官能当多大，给我们老两口多少钱，而是在乎他工作干得好不好，有没有组织给予的荣誉和表彰，如果他回家告诉我们在单位上获得了荣誉，我们心里比喝了蜜糖还甜呢！

伍杨芳(公司监理部职工)：一次看到别人拿了个很漂亮的坤包，一打听，几千块，我不否认自己喜欢，也希望有一个。可是目前我家的经济能力还不允许我这样去消费，便在心里告诫自己："与其羡慕别人，不如自己努力"。虽然我用的是几十块的包，但我不自卑，因为这是我自己辛苦工作正当所得。

2 廉政职业文化建设实例

建设项目廉政职业文化建设，选取了以下三个实例：

(1) 项目业主的廉政职业文化建设，选取湖南省宁道高速公路建设开发有限公司抓廉政文化建设的做法为例。

(2) 承包人的廉政职业文化建设，选取了中铁二十三局集团第一工程有限公司宁道高速公路第三十一合同段项目经理部抓廉政文化建设的做法为例。

(3) 监理单位的廉政职业文化建设，选取了湖南省交通建设工程监理有限公司宁道高速公路第一监理处抓廉政文化建设的做法为例。

2.1 项目业主廉政职业文化

——湖南省宁道高速公路建设开发有限公司廉政文化建设

2.1.1 工作规范和标准

执行《湖南省高速公路建设项目廉政文化建设通用模式》。

2.1.2 总体要求

宁道公司廉政文化建设的总体要求为“三化”、“五有”。

“三化”即：教育提醒经常化。不断夯实反腐倡廉思想道德基础，牢固树立拒腐防变思想道德防线。监督约束制度化。制定规范、高效、管用的制度，确保制度成为规范管理、约束行为的有效机制。环境熏陶长期化。通过创造和谐统一的办公环境以及人文环境，让人自愿、自觉地抵制腐败、加强预防。

“五有”即：有廉政建设工作机构。主要领导亲自过问，分管领导具体抓落实，承办人员日常抓工作。有廉政建设工作规划。制订本单位廉政文化建设中长期规划，每年制订具体的实施计划和活动方案，分步实施，整体推进。有宣传活动阵地。开辟廉政文化固定宣传阵地，开设“廉政网页”，创办具有机关特点的“廉政文化室”、“廉政书屋”、“廉政文化活动之家”等廉政文化阵地。有廉政文化景观。制作廉政文化主题景观，在公众场所营造廉政文化氛围，在座位牌或其他岗位标识上设置廉政提示语。有健全的管理制度。建立健全班子议事决策机制，从严规范“三重一大”问题决策程序。建立预警谈话制度，对有违纪违规苗头的党员干部敲警钟、打招呼。重点针对“三重一大”问题和人、财、物、资源、项目的管理，完善本单位廉政建设制度并督促落实。建立廉政教育培训机制，通过集中学习、组织生活和党员“三会一课”等形式，开展经常性学习教育活动。

2.1.3 组织实施

1）组织领导

成立党风廉政建设领导小组，由公司领导班子以及各部门负责人组成。

2）工作目标及理念

形成"上下联动、共同推进"的廉政建设新格局。

廉洁是忠，廉洁是孝，廉洁是一种责任。

3）基本工作流程

基本工作流程图见图6-2。

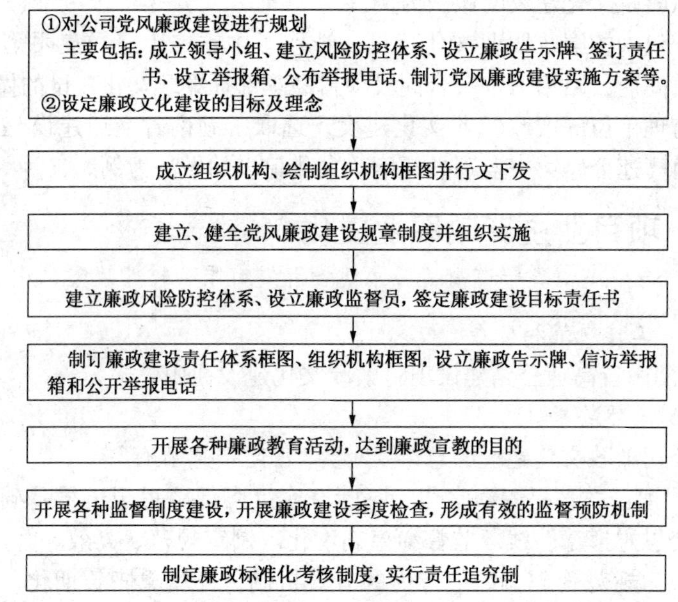

图6-2 廉政文化建设基本工作流程图

4）责任体系（图6-3）

5）责任分解

(1) 公司经理与各职能部门负责人、各部门负责人与部门成员分别签订《廉政建设目标管理责任书》，按照权责分明的原则，落实责任分工，明确工作规范，实行奖优罚劣。

(2) 实行廉政合同管理，公司经理与各监理单位、施工单位、地方协调指挥部、供应商签订廉政合同，各监理单位、施工单位提交廉政保证金。

6）制订党风廉政建设实施方案

7）资料管理

及时进行资料归档，重点做好廉政档案、廉政制度汇编、廉政相关资料（文件）、廉政专题学习的整理归档。

8）宣传教育

(1) 抓好廉政教育

深化廉政教育，增强廉政文化的含量，要在领导干部中开展创建学习型

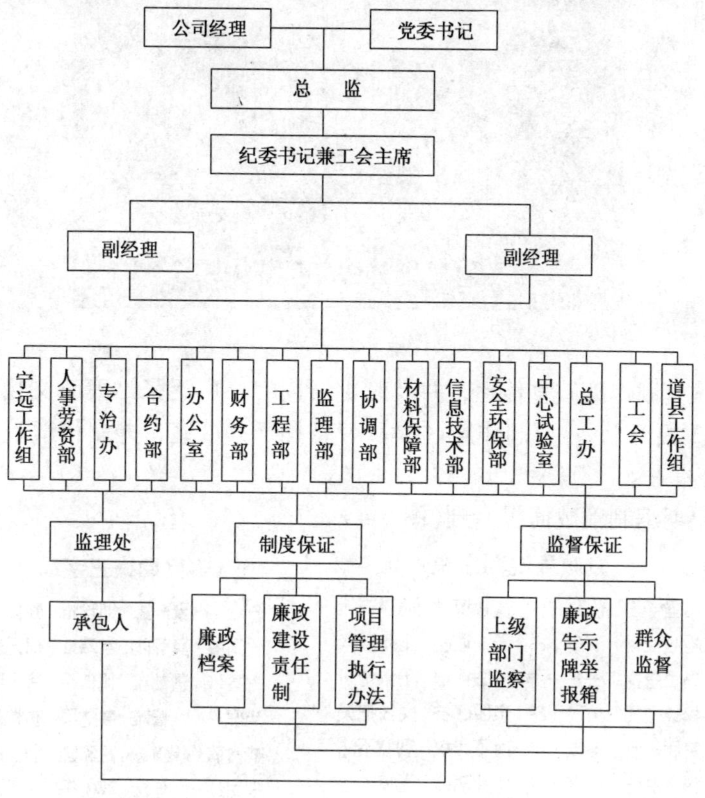

图 6-3 宁道高速廉政建设责任体系图

领导班子和学习型领导干部活动，在党员干部中认真开展好“作风建设年”活动。要组织好“要上廉政课、要办廉政讲座、要组织廉政警示教育”的系列活动。要通过廉政文化走廊、廉政短信、廉政专刊等不同形式，创新教育方式，促使廉政教育纵向到底、横向到边、管理到人。

(2) 抓好廉政宣传

① 充分利用公司简报、网站以及相关媒体等渠道，加大廉政文化、廉政建设的宣传广度和深度。

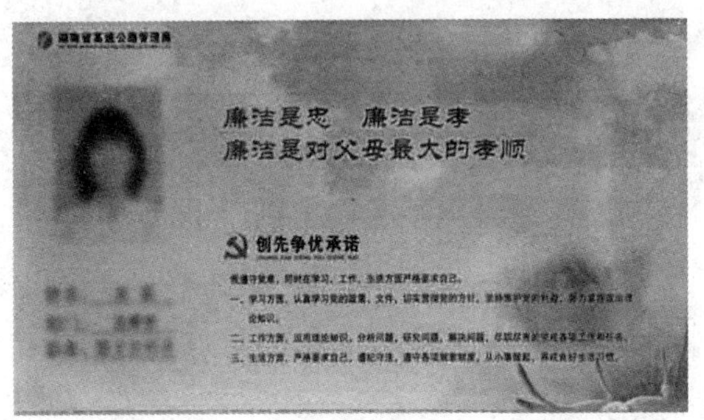

廉政格言牌

② 认真制作廉政宣传栏，并及时更新内容；广泛张贴廉政文化的名言警句(至少3幅以上)；要制作廉政提示牌悬挂于办公室，并制作廉政格言牌摆放于办公桌。

③ 定期编制廉政简报专刊(图6-4)。

勤政廉洁四字诀

加强学习　预防在先　慎独慎微　防患未然
拒收钱物　不贪不占　无法退还　上缴截案
岗位履责　法是关键　依法行事　不得擅断
权钱交易　与我无怨　亲朋好友　交往把关
家属子女　各自发展　决不弄权　利益不沾
接受监督　严守防线　两袖清风　无悔无怨

家庭助廉三字经

有缘人　聚一家　细珍惜　勤护它
配偶廉　莫等闲　常牵挂　保无差
贪富贵　遭劫难　慎伸手　终无险
为恶易　从善难　廉洁风　吹枕边
戒贪欲　除贪念　家和睦　业发展
守防线　心坦然　享安乐　人人羡

图6-4　宁道公司廉政宣传内容采撷

(3) 开展廉政活动

① 开展警示教育及爱国主义教育。通过远看4座山(韶山、井冈山、佛教名山、八宝山)，感受前辈们枪林弹雨干革命，艰苦朴素创伟业的精神，体会佛教里心态平和、知足常乐、清心寡欲、与世无争的境界；近看4处地(医

院、殡仪馆、监狱、贫困区)，重新审视自己的世界观和价值观；守住3条线，即政治生命线，法律高压线，纪律警戒线；算好一笔账，即经济账，充分认识贪污腐败的危害；树立好的典型，积极推广学习。

② 开展征文演讲活动。联系实际工作，举行演讲、征文活动，提高廉政文化的感染力和号召力。

③ 开展政策宣传学习等活动。一是通过公司开办农民工学校开展劳动法规宣传与学习，营造良好的劳动用工氛围；二是通过组织干部职工学习廉政建设相关规定，使廉政深入工作、生活中，营造廉洁的工作环境。

④ 开展廉政进机关、进家庭、进工地的“三进”活动。

a. 结合“三湘读书月”活动，开展“读书思廉”活动。

b. 与机关效能监察有机结合。

c. 开展廉政“进家庭”，向科级领导干部家庭发放倡廉公开信，签订“家庭助廉承诺书”，发送廉政短信，开展“廉内助”和“贪内助”警示教育。

d. 廉政“进工地”要以“廉洁理念进工地、廉洁文化进工地、廉洁活动进工地、廉洁机制进工地、廉洁监察进工地”为主要内容。

e. 建立廉政文化活动档案。每次廉政文化活动要有详实可信的记录、文字材料、照片或录像，及时收集归档。

9）抓好廉政职业文化建设

(1) 坚持以“四廉”文化修廉德

要积极推行“学廉固基础、谈廉强意识、践廉促工作、助廉保和谐”，让四廉并行，助推廉政文化建设，促使勤劳节俭修廉德。

①“学”廉固基础。以廉政教育为重点，突出岗位廉政教育，以廉政勤政先进典型为榜样，以违纪违法案例为反面教材，通过定期组织廉政文化集中学习、观看廉政教育片、开展廉政教育、撰写廉政警言等形式，不断提高党员领导干部，尤其是“一把手”和重点岗位、重点人员的廉洁从政意识，引导广大党员领导干部树立正确的价值观和从政导向。

②“谈”廉强意识。组织科级及以上领导干部根据职责分工和岗位责任，针对强化内部管理廉洁勤政、体现效率落实、加强作风建设等事宜作出公开承诺，通过公开举报电话、检举邮箱等多种途径，主动接受社会监督，以监督促廉洁，强化廉政意识。

③“践”廉促工作。按照党员领导干部职责分工和作出的公开承诺内容，组织党员领导干部定期进行述职述廉，汇报落实“一岗双责”情况和落实党风廉政建设责任制情况，督促党员领导干部筑牢拒腐防变防线；同时，在项目管理工作中运行“时效质学”绩效考核制度，推行个人行为准则“学干则廉创”，运用月度工作PDCAI、“五有五表五检验”工作新方法，严格执行省交通

运输厅、省高管局的各项政策和措施，充分发挥部门职能，大力推进高速公路建设顺利进展。

④“助”廉保和谐。充分发挥家庭成员的积极作用，深入开展“家庭助廉”活动，通过发放倡议书、签订责任状等多种形式，切实提高家庭成员的反腐倡廉意识，积极倡导树立“廉政之花常开、幸福之家常在”的理念，鼓励家庭成员常吹廉政风、常念廉政经，帮助领导干部过好权力观、金钱观和人情关，及时提醒督促家人自重、自省、自警、自律，使每个家庭成员洁身自好，拒腐不沾，腐败在家庭这一“后院”面前打不开缺口，构筑家庭反腐倡廉牢固防线，共同营造清正、廉洁、和谐的社会环境。

（2）将各参建单位廉政建设情况纳入合同管理加强履约检查

10）建立和落实廉政制度

（1）建立一系列党风廉政建设制度

① 设定奋斗目标；

② 建立职工廉政守则；

③ 党风廉政建设责任制实施办法；

④ 党风廉政建设管理制度；

⑤ 党风廉政建设责任追究制度；

⑥ 党风廉政建设责任考核制度；

⑦ 党风廉政建设审计制度；

⑧ 党风廉政建设监督制度；

⑨ 党风廉政建设学习制度；

⑩ 党风廉政建设廉政档案管理制度；

⑪ 党风廉政建设谈话制度；

⑫ 党风廉政建设责任制及党员干部考核办法；

⑬ 合同联合会审制度；

⑭ 经费包干制度。

（2）开展廉政风险防控

建立防控体系，以项目建设各项工作流程为主线，排查各个环节存在的廉政风险点及涉及的对象，针对每个廉政风险点提出相应的防控措施，明确落实措施的责任主体，同时签订责任书，设立廉政监督员。

（3）落实高速公路建设项目信息公开

（4）开展工程建设领域专项治理

（5）落实“三重一大”制度

11）廉政监督

（1）建立信访、举报制度，拓宽监督渠道

① 建立信访举报制度。

成立信访办公室，制定信访举报制度，并建立信访举报台账。

② 要求设立廉政告示牌(按规定设立，见图6-5)。

10 40 30 35 30 35 10

7 24 12 12 36 18 12 12 18 7 158

190

宁道高速公路廉政告示牌				
廉政建设 领导小组	组长		副组长	
	成员			
廉政建设 目标要求	1.认真开展反腐倡廉的宣传教育活动; 2.建立健全廉政建设的各项规章制度; 3.严格执行党风廉政建设责任制和交通行业廉洁从业的有关规定; 4.严格履行《廉政合同》,重信誉,讲诚信; 5.坚决抵制不正之风的侵蚀和干扰,敢于揭露和举报腐败现象; 6.加强监督检查,严肃查处违纪违规行为; 7.自觉接受交通主管部门和上级有关部门的履约检查和行政监督			
廉政建设 工作目标	勤政促发展　　廉政保平安			
单位名称	××公司宁道高速公路第××合同段项目经理部			
通信地址			举报电话	
建设单位 通信地址	×××××		监督电话	×××

注：1.本图尺寸以cm计。
2.板面采用蓝底白字，边框为黑色。
3.采用钢管双柱支架，混凝土基础，板底边线距地面1.8~2.2m。

图6-5　廉政告示牌

③ 要求设立举报箱：举报箱上公开举报电话(图6-6)。

举报箱制作要求：a. 统一制作，统一样式，统一标识举报电话及受理部门；b. 应设置在办公场所比较醒目的位置，便于人们看到；c. 要有专人管理，定期开箱检查，做好开箱记录，保持举报箱清洁；d. 要根据业主、监理、承包人、协调指挥部的不同驻地分别设置；e. 承包人方面的举报箱要设置到每个工区、施工队。

图6-6　廉政举报箱

(2) 三大机制建设，抓好廉政预防监督

① 权力制约机制建设。贪污腐败一般与滥用权利相关联，而权利的滥用是与权利缺乏制约密不可分的。应建立健全系统内法制，达到依法制腐，要建立结构合理、配置科学、程序严密、有效管用的行政权力运行制度体系。

执行：应按照“一项权力建立一项制约监督制度”的要求，以各单位工作部门为重点，以权力设定为起点，以权力运行为主线，排查廉政风险点，制订和公开权力运行流程图，推进廉政风险防范机制建设。

② 预防制度建设。不透明的地方容易产生腐败，因此必须严格推行政务、党务公开制度，公开职权范围，公开工作程序，公开结果，使工作在阳光下运行。

执行：阳光行政，严格推行政务公开及党务公开制度，公开职权范围；坚持实施重大事项集体决策制度、干部职工八小时之后的监督制度。同时，建立健全干部职工廉政档案，加强领导干部思想教育，包括提倡理论学习，树立清廉典型等。

③ 监督机制建设。除涉及机密的事项外，把权力的运作过程如实公开，如用人公开、财务公开、政务公开等，使以权谋私的腐败作风从根本上失去依存的土壤。

一是畅通投诉举报机制，积极发挥群众监督作用。只要充分利用群众，重视并积极回应群众的意见建议，畅通群众的投诉举报渠道，就能形成铜墙铁壁，不给腐败者任何缝隙可乘。使群众监督就像报警器一样，只要干部职工越雷池一步就会亮出红灯，响起警笛，使干部职工时时刻刻处在监督约束之下。二是协调相关监督职能部门，形成监督合力。把各相关监督部门与高管系统的监督搞好对接，互通信息，达成资源信息共享，利用多方之力，形成强大的监督合力，保证廉政监督的威慑力。三是坚持“用制度管人、用流程管事”，精心打造“廉洁高速、服务高速、和谐高速”。

(3) 党政正职“三个不直接分管”制度

① 目标：实施“三个不直接分管”制度，党政正职仍是单位财务工作、干部人事工作、工程建设工作的第一责任人。要通过实施党政正职“三个不直接分管”办法，建立“正职监管、副职分管、集体领导、民主决策”的工作机制，使决策、执行、监督等权力相对分离，形成相互制约、相互监督的工作制度和权力约束机制，增强工作透明度；进一步加强对领导干部的监督，从制度上、机制上防止腐败现象的发生；促使主要领导干部从具体事务中解脱出来，集中精力谋大事、抓重点、促落实。

② 执行：一是根据实际情况和班子成员特点，召开领导班子成员会议，集体研究、授权、明确分管干部人事、财务审批、工程建设项目的副职，明确分管副职的职责、权限及运作程序。二是定期或不定期召开党委会、行政办公会、班子党政联席会等会议，听取干部人事、财务审批、工程建设项目等工作开展情况的汇报，并将“三个不直接分管”落实情况纳入领导班子民主生活会内容，及时发现和纠正问题。三是结合党务、政务公开工作，充分利

用工作述职、民主评议等多种形式，将党政正职“三个不直接分管”的分工、职责、权限、工作流程和工作纪律予以公示，防止暗箱操作。

(4) 创先争优民主生活会

① 对照创先争优活动的“五个好”和“五个带头”，结合创先争优活动中“‘四好’领导班子、‘四强’党组织、‘四优’共产党员”的创建思想，围绕对照争当优秀共产党员五个先锋的基本要求，找差距，明方向，定措施。

② 通过开展批评与自我批评制订整改措施、明确整改的目的及实施的具体步骤、途径、方法、时限和责任，并将整改的方案进行通报。

③ 要开展公开承诺活动，广泛征求群众意见，量身定做公开承诺并确保及时兑现，有效加强廉政监督。

12) 廉政服务

(1) 服务工程建设

在项目建设期间，建设所需要的各种材料数量比较巨大，品种繁多，投入的资金非常庞大，如何保证各种材料的质量，保持一种公正的市场采购，同时防止个别人在过程中出现腐败现象，对材料的供应工作，各方面要统一思想，提高认识，加强监督，建立健全各项制度。

① 设立“公开、公平、公正”的市场运作机制

a. 确定质量合格的入围厂家，如对于水泥供应，确定采用新型干法悬窑生产技术的厂家为入围厂家。

b. 由施工单位自行与入围厂家商谈供应合同。

c. 严禁业主、监理及地方指挥部任何人以任何名义对施工单位指定或暗示某材料供应商。

② 严格控制材料质量

a. 承包人、监理处、业主三级按规定程序进行检验，发现问题及时处理。

b. 承包人、监理处、业主的试验检测人为质量控制的负责人，凡质量出现问题没进行整改的，其负责人追究其责任。

(2) 服务沿线群众

① 推广“大树移植、表土移填”，最大限度保护当地水土。

② 及时对弃土场进行防护。

③ 尽可能使用当地的材料。

④ 凡因施工造成老百姓的实际损失的，如土地、水井等，应及时赔付，以免矛盾扩大化。

⑤ 建立定期联系会议，协商解决各类矛盾。

⑥ 广泛开展实地调查，充分听取当地群众的意见。

⑦ 积极与设计、施工方沟通，优化方案，体现以人为本的原则，尽最大可能为当地群众办实事。

⑧ 定期开展慰问低收入群众活动。

⑨ 在建设期间，公司固定赞助一定数量的困难学生，坚持开展“金秋助学”的活动。

(3) 服务农民工

① 农民工工资管理

农民工工资问题关系社会和谐稳定，加强农民工工资管理，既是维护农民工的合法权益，同时也是维护各施工单位的合法权益，做好农民工工资支付保障工作对于促进经济发展、社会和谐、公司长效运转具有重要的意义，也是一项非常重要的工作。加强农民工工资管理，宁道公司突出工作重点，建立健全农民工工资管理制度，采取有效措施，切实解决农民工工资拖欠问题，对因拖欠工资而引发的重大群体性事件且造成不良社会影响的，严格实行拖欠黑名单制度。

② 具体做法

a. 下文要求承包人严格按照《劳动合同法》、《工资支付暂行规定》和《最低工资规定》等有关规定，建立和完善农民工工资支付办法，及时支付农民工工资，不得拖欠和克扣，保障农民工获取劳动报酬的权利。

b. 实行农民工工资银行卡发放制度，各承包人可通过所在地的开户行(建设银行)统一使用实名制办理银联工资卡用于发放农民工工资。

c. 各承包人必须对其雇用的农民工建立花名册，并将花名册及所雇农民工的身份证复印件、每月的农民工工资发放表(含银行卡号)随计量支付月报表同时上报公司人事劳资部，花名册名单如有变动，各相应表格也应及时上报。

d. 各承包人应将工资直接发给农民工本人，严禁发放给“包工头”或其他不具备用工主体资格的组织和个人。同时，承包人应按照劳动合同约定的日期按月支付农民工工资，并不得低于当地最低工资标准。要求承包人在每月结算时，应先将民工工资一项扣出，保证工资能及时发放到位。

e. 如承包人因拖欠农民工工资发生上访、信访或闹事等事件，经核查属实后，公司有权在承包人预缴预扣的2%的农民工工资保障金中直接支付，如保障金不够支付则公司有权动用履约保证金来进行民工工资的支付。

f. 严格实行拖欠黑名单制度。上报省厅将对承包人年度综合诚信考核扣5分。

g. 各承包人需设立农民工管理员一名，各承包人农民工队伍中需设立农民工监督员一名。

h. 成立农民工培训学校，学校从法律援助、维权、工资发放、调解纠纷、安全生产知识、评选“十佳农民工”等六个方面对农民工提供培训及服务。

（4）服务干部职工

积极开展创先争优活动，使每位党员带头树立积极参与、率先垂范的观念，树立全心全意为人民服务的宗旨意识，带动全体干部职工在项目建设中做到廉洁、公平、公正。

2.1.4 考核

1）目标考核

项目公司要将廉政建设纳入到每季度的履约检查考核中，并纳入季度和年度目标管理考核。

2）廉政标准化考核，实行责任追究制

（1）制定项目公司内部廉政考核评分表，按照评分表进行自查自评；日常采取不定期组织抽查；

（2）每半年组织一次考核，年终进行全面考核总评。

宁道公司2010年度廉政建设目标管理考核评分表

被考核单位（签字）： 考核部门： 考核人： 考核日期： 考核评分：

序号	考核项目	考核内容	考核办法	考核评分标准	标准分	扣分	实得分	备注
1	督促落实公司制定廉政建设责任制的情况（40）分	单位党风廉政建设责任制制度完善，领导机构和办事机构健全，责任明确	听、查	制度不完善每处扣1分，未明确领导机构全扣，未明确办事机构扣1分，责任不明确或不合理每处扣1分，扣完为止。	5	制度不完善扣（ ）分，无领导机构扣（ ）分，无办事机构扣（ ）分，不明确不合理（ 处）扣（ ）分		
		党风廉政建设工作有计划、有措施、有总结、有检查，廉政建设监督机制健全，工作到位，能及时开展自查自纠。	听、查	无工作计划总结者扣1分，无具体措施扣1分，无检查扣1分，监督机制不健全或工作不到位扣1分，未开展自查自纠的扣1分。	5	无计划扣（ ）分，无措施扣（ ）分，无检查扣（ ）分，工作不到位扣（ ）分，未开展自查自纠扣（ ）分		
		有质量、安全、环保、廉政四大责任体系图	听、查	四大责任体系图发现少一项扣2分。	10	无四大责任体系图扣（ ）分		
		信访工作有登记、有调查、有结论、有回复，设立了举报箱，公布了举报电话，能认真处理投诉，案件查处有力，执纪严明。	听、查	每发现一项不落实扣1分，扣完为止。	20	每发现一项不落实（ 起）扣（ ）分		
2	廉政、勤政教育（10）分	经常开展廉政、勤政建设的宣传教育，及时传达、学习有关法规、政策和有关文件、会议精神。	听、查	未开展宣传教育扣1分，未及时组织学习每次扣1分，学习、活动无记录每次扣0.5分，扣完为止。	10	未开展宣传教育扣（ ）分，未及时组织学习每次（ 次）扣（ ）分，学习、活动无记录每次（ 次）扣（ ）分		
3	廉政建设合同落实情况（20）分	是否有违约行为，是否采取了有效措施，对履约中存在的问题进行了自查自纠。	听、查	有违约行为扣4分，没有采取有效措施的扣5分，对履约中存在的问题没有进行自查自纠扣4分。	20	有违约行为扣（ ）分，没有采取有效措施扣（ ）分，对履约中存在的问题没有进行自查自纠扣（ ）分		
4	农民工工资问题（30）分	切实解决拖欠农民工工资问题，实行农民工一卡发放制度，并有具体的农民工工资发放制度及相关措施，及时上报农民工工资支付情况报送表	听、查	有损害群众利益的行为，每发现一起扣2分，未实行一卡发放制度的扣2分，无农民工工资发放制度或措施的扣4分，未及时上报农民工工资支付情况的扣4分。	30	有损害群众利益的行为，每发现一起（ 起）扣（ ）分，无农民工工资发放制度措施扣（ ）分。		
		与劳务施工队伍签订了民工工资支付责任状，确保民工工资及时足额发放到位。	听、查	未签订责任状的扣4分，有拖欠农民工工资行为的全扣，工资拖欠一个月未发放者扣4分，每拖欠一个月者累计扣分直至扣完为止。		未签订民工工资责任状扣（ ）分，拖欠民工工资共（ ）月扣（ ）分，有拖欠农民工工资行为的全扣（ ）		

另附：监理处对承包人开展廉政工作监督不到位每处扣2分，扣完为止。 共计扣（ ）分

3）实行廉政建设责任追究制

（1）责任追究范围

① 公司党委书记、经理、总监对公司的党风廉政建设负全面的领导责任，对党委成员、副经理、副部监的党风廉政情况负主要领导责任，对公司各部门正职领导干部的党风廉政情况负重要领导责任。

② 公司纪检监督室对本公司的党风廉政建设负重要领导责任。

③ 党委其他成员根据分工，对主管的科室领导干部的党风廉政建设负直接领导责任。

(2) 责任追究的形式

分为诫勉提示、通报批评或上报组织处理。

① 诫勉提示。包括谈话、批评教育、责令写出书面检查等，由公司纪检监督室负责实施。

② 通报批评。对公司或领导班子以及领导干部通过公开通报的形式进行批评，由公司纪检监督室负责实施。

③ 组织处理。由公司纪检监督室写出书面材料上报有关部门。

2.2 承包人项目经理部廉政职业文化

——中铁二十三局集团第一工程有限公司宁道高速公路第31合同段项目经理部廉政文化建设

2.2.1 组织机构

1）成立组织机构

在项目组建时，要求做到把党风廉政建设与项目建设同步进行。首先要根据项目实际，成立党风廉政建设领导小组，一般由项目党委（支部）书记任组长，其他班子成员任领导小组成员。由组长主持召开专题会议，做好分工，会后行文下发执行（具体内容及格式如右）。

关于成立党风廉政建设组织机构的通知

项目所属各单位：

为确实抓好党风廉政建设，全面落实中央、国务院《关于实行党风廉政建设责任制的规定》和总公司关于《领导人员廉洁从业规定》，经项目党委研究决定，成立项目党风廉政建设组织机构如下：

组　长：

副组长：

组织委员：

纪委委员：

文体生活委员：

纪检监察员：

成　员：

领导小组下设办公室，办公室设在综合部，***兼任廉政建设办公室主任，具体负责处理日常工作事务。

具体职责分工如下：

此通知

年　月　日

主题词：成立　组织机构　通知

抄　报：

抄　送：（共印　份）

宁道项目部办公室　年　月　日印发

2）绘制组织机构框图

框图制作上墙，其尺寸根据地方的大小设计

(图 6-7)。

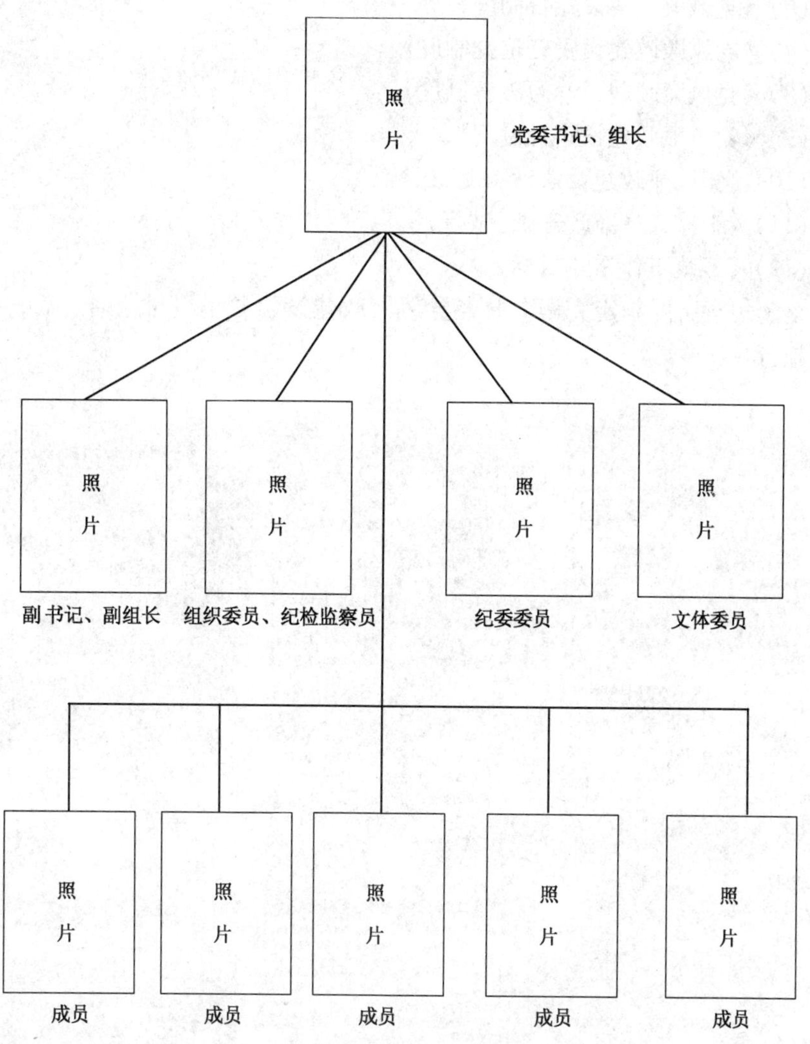

图 6-7 宁道项目部廉政建设组织机构框图

2.2.2 建立健全党风廉政建设规章制度

规章制度，以中央党风廉政建设规定为主线，根据企业的性质来制定。内容一般包括：

(1)《党委工作制度》。

(2)《党风廉政建设制度》。

(3)《党风廉政建设责任制实施办法》。

(4)《“三重一大”制度》。

(5)《党风廉政建设责任考核制度》。

(6)《党风廉政建设监督制度》。

(7)《党风廉政建设责任追究制度》。

(8)《党风廉政建设学习教育制度》。

(9)《党风廉政建设审计制度》。

(10)《党风廉政建设谈话制度(试行)》。

(11)《工作人员廉政守则(试行)》。

(12)《廉政工作奋斗目标》。

全套规章制度制定完毕，并经党风廉政建设领导小组讨论通过后，行文下发施行。

党委工作制度

一、坚持重大问题集体讨论制度。结合项目实际，对重大问题的内容范围、讨论形式、决策程序共同研究，经党委会讨论做出明确决定。属于项目部党组织决定的问题，以党组织的名义提出的有关重大问题的意见和建议，都必须经过党组织集体讨论。属于项目经理决定的重大问题，也要按照民主集中制的基本原则，经过党政联席会、经理办公会等形式集体讨论，充分听取各方面的意见后，由项目经理作出决定。项目党的委员会（总支部委员会）会议至少每季度召开一次，支部委员会会议至少每月召开一次，党政联席会每季度召开一至二次，项目经理办公会每月召开一次，必要时可随时召开。

二、坚持重要工作情况通报制度。项目部重要工作情况和领导成员在职权范围内决定的重要事项，班子成员特别是党政主要领导之间必须及时通气，沟通情况，统一思想，协调工作。一般党政主要领导之间互通情况每周至少一次，向领导班子成员通报情况至少每月一次。

三、坚持重大问题的请示报告制度。项目部党组织要充分发挥主观能动性和加强组织纪律性，既要独立自主地开展工作，又要在重大问题上及时向上级党组织请示报告。一般计划安排、党委工作总结每半年报告一次，其它重大问题随时请示报告。

四、坚持工作计划、安排、检查和总结制度。项目部党组织根据施工生产和队伍实际，及时研究制定工作规划和措施。每年初要制定出全年工作计划，提出明确的指导思想、奋斗目标、主要工作安排及落实措施，每季度检查分析一次落实情况，年终对各项工作进行全面检查总结，肯定成绩，找出问题，研究改进措施。每进行一项重要工作和完成一项较大的任务，都要做到事先有计划，中间有检查，事后有总结。

党风廉政建设制度

为进一步贯彻落实中纪委关于领导干部廉洁自律的“四大纪律、八项要求、十条禁令”，加强领导班子思想作风建设，密切联系群众，改进工作作风，激励领导成员廉洁自律，率先垂范，自觉接受干部和群众的监督，特制定党风廉正建设制度。

1、认真学习十七大会议精神，以科学发展观为指导，牢固树立正确的世界观、人生观、价值观，增强拒腐防变的能力，提高廉洁从业的自觉性。

2、认真落实中央、国务院《关于实行党风廉政建设责任制的规定》和总公司关于《领导人员廉洁从业规定》，发扬艰苦奋斗、勤俭节约的工作作风。

3、完善反腐败领导机制，建立建全党风廉正建设责任制，成立党风廉正监察领导小组，设立党风廉政建设举报箱和举报电话（0746-8871608），进一步加大反腐败斗争的领导力度。

4、建立群众监督制度，党员干部互相监督制度，廉洁自律，自觉接受党纪和政纪的约束，立党为公，勤政为民，在反腐倡廉中起表率作用。

5、切实贯彻“两手抓，两手都要硬”的战略方针，把反腐斗争同教育教学相结合起来，一起研究，一起部署，一起检查，一起考核，形成制度化、经常化。

6、在“三重一大”等决策中要坚持民主集中制的原则，增加透明度，自觉接受群众的监督，纳入项目会务公开主要内容。

7、遵守中纪委《关于实行党风廉政建设责任制的规定》，建立健全各项规章制度，与部室以上领导分别签订廉洁协议书。

党风廉政建设责任制实施办法

为确实抓好党风廉政建设，落实中央、国务院《关于实行党风廉政建设责任制的规定》和总公司关于《领导人员廉洁从业规定》，结合本项目实际，特制定本办法。

一、组织机构

1、项目按照纵向到底、横向到边和谁主管谁负责的原则建立健全党风廉政建设责任体系（责任体系框图附后）。

2、项目部成立党风廉政建设管理领导小组，领导小组由以下人员组成：组长：张光辉，副组长：肖文宏，成员：李全峰、赵军庆、田会宾、耿涛、李洪雨、刘待孝、聂成友、王蕾、牛桂典（具体工作分工表附后），办公室设在综合办公室，具体负责日常管理工作。

二、职责分工

项目书记（廉政建设领导小组组长）张光辉：

1、积极宣传并贯彻落实中央和企业关于党风廉政建设方面的规定，定期开展职工教育活动并监督落实到位。

2、对全项目党风廉政建设和反腐败工作负指导、监督责任，对项目党风廉政建设工作负总责。

3、定期召开党风廉政建设工作会议，深入调查研究，及时提出指导性意见，抓好党风廉政建设和反腐败工作的落实。

4、指导并支持纪检监察工作，对上级和业主纪检监察部门批办的信访件和群众举报的信访问题，督促进行调查了解和处理。

5、组织召开领导班子民主生活会，带头开展批评和自我批评，不断提高领导班子成员的党风廉政建设的自觉性。

6、以身作则，廉洁自律，管好班子、带好队伍、管好家属子女，监督管理项目领导班子成员及各科室党风廉政建设责任制的落实。

项目经理（廉政建设领导小组副组长）李全峰：

“三重一大”决策制度

一、“三重一大”的范围

（一）重大事项决策包括：

（二）干部人事任免：

（三）重大项目安排及大额资金使用包括：

党风廉政建设责任追究制度

根据有关规定，凡领导干部违反下列规定，给予组织处理或者党纪处分：一、对分管的工作和部门发生的明令禁止的不正之风不制止、不查处，或者对上级领导部门交办的党风廉政责任范围内的事项拒不办理，或者对严重违法违纪问题隐瞒不报、压制不查的，给予负直接领导责任的主管人员警告、严重警告处分；情节严重的，给予撤销党内职务处分。

二、分管工作范围内发生重大案件，致使国家、集体资产和人民群众生命财产遭受重大损失或者造成恶劣影响的，责令负直接领导责任的主管人员辞职或者对其免职。

三、违反干部选拔任用工作规定选拔任用干部，造成恶劣影响的，给予负直接领导责任的主管人员警告、严重警告处分；情节较重的，给予开除党籍处分。提拔任用明显有违法违纪行为的人的，给予严重警告、撤销党内职务或者留党察看处分；情节严重的，给予开除党籍处分。

四、授意、指使、强令下属人员违反财务、审计、统计法规，弄虚作假的，给予负直接领导责任的主管人员警告、严重警告处分；情节较重的，给予撤销党内职务处分；情节严重的，给予留党察看或者开除党籍处分。

五、授意、指使、纵容下属人员阻挠、干扰、对抗监督检查或者案件查处，或者对办案人、检举控告人、证明人打击报复的，给予负直接领导责任的主管人员严重警告或者撤销党内职务处分；情节严重的，给予留党察看或者开除党籍处分。

六、对配偶、子女、身边工作人员严重违法违纪知情不管的，责令其辞职或者对其免职，包庇、纵容的，给予撤销党内职务处分；情节严重的，给予留党察看或者开除党籍处分。

其他违反规定的行为，情节较轻的，给予批评教育或者责令作出检查，情节较重的，给予相应的组织处理或者党纪处分。

具有上述情形之一，需要追究党纪责任的，比照所给予的党纪处分给予相应的行政处分；涉嫌犯罪的，移交司法机关追究刑事责任。

党风廉政建设监督制度

第一条 为进一步完善项目党风廉政建设工作体系，充分调动广大党员职工参与党风廉政建设的积极性，特制定本制度。

第二条 党风廉政建设监督员是项目集团公司党风廉政建设工作体系的重要组成部分，其根本任务是在项目党委的统一领导下，协助党委书记和党风廉政建设领导小组办公室抓好党风廉政建设工作。

第三条 党风廉政建设监督员应具备如下条件：

1、拥护党和国家的路线、方针、政策，从思想和行动上与党中央保持一致。

2、坚持原则，公正廉洁，有事业心和责任感。

3、为人正直，作风正派，热心为群众服务，并及时反映职工群众的呼声。

4、具有一定的政策水平、法律知识以及与党纪政纪相关的知识。

第四条 党风廉政建设监督员的主要职责：

1、认真向党委书记和党风廉政建设领导小组办公室反馈党风廉政建设的信息，既要弘扬身边廉政、勤政先进个人的事迹，又要实事求是反映违法违纪线索。

2、监督全项目各级，特别是本部门、本支部领导班子、领导干部执行廉洁自律有关规定和切实履行党风廉政建设领导职责的情况，并及时汇报项目书记和党风廉政建设领导小组办公室。

3、对项目进一步加强党风廉政建设提出意见和建议。

党风廉政建设责任追究制度

根据有关规定，凡领导干部违反下列规定，给予组织处理或者党纪处分：一、对分管的工作和部门发生的明令禁止的不正之风不制止、不查处，或者对上级领导部门交办的党风廉政责任范围内的事项拒不办理，或者对严重违法违纪问题隐瞒不报、压制不查的，给予负直接领导责任的主管人员警告、严重警告处分；情节严重的，给予撤销党内职务处分。

二、分管工作范围内发生重大案件，致使国家、集体资产和人民群众生命财产遭受重大损失或者造成恶劣影响的，责令负直接领导责任的主管人员辞职或者对其免职。

三、违反干部选拔任用工作规定选拔任用干部，造成恶劣影响的，给予负直接领导责任的主管人员警告、严重警告处分；情节严重的，给予开除党籍处分。提拔任用明显有违法违纪行为的人的，给予严重警告、撤销党内职务或者留党察看处分；情节严重的，给予开除党籍处分。

四、授意、指使、强令下属人员违反财务、审计、统计法规，弄虚作假的，给予负直接领导责任的主管人员警告、严重警告处分；情节较重的，给予撤销党内职务处分；情节严重的，给予留党察看或者开除党籍处分。

五、授意、指使、纵容下属人员阻挠、干扰、对抗监督检查或者案件查处，或者对办案人、检举控告人、证明人打击报复的，给予负直接领导责任的主管人员严重警告或者撤销党内职务处分；情节严重的，给予留党察看或者开除党籍处分。

六、对配偶、子女、身边工作人员严重违法违纪知情不管的，责令其辞职或者对其免职；包庇、纵容的，给予撤销党内职务处分；情节严重的，给予留党察看或者开除党籍处分。

其他违反规定的行为，情节较轻的，给予批评教育或者责令作出检查，情节较重的，给予相应的组织处理或者党纪处分。

具有上述情形之一，需要追究政纪责任的，比照所给予的党纪处分给予相应的行政处分；涉嫌犯罪的，移交司法机关追究刑事责任。

党风廉政建设学习教育制度

为进一步提高全体干部职工的思想政治素质、理论政策水平，建设高素质的干部队伍，以适应项目持续、健康、快速发展的需要，特制定本制度。

一、项目部要把党风廉政建设学习教育作为一项重要的工作来抓，要长抓不懈、警钟长鸣。

二、学习教育内容主要根据中央、集团公司以及业主和地方对反腐败工作的要求部署，结合正反典型事例，结合本项目实际组织实施。

三、要坚持发挥领导班子中心学习组带头引导作用，开展好定期学习教育活动，党员干部的学习教育工作每季度至少组织一次，同时还要组织好不定期的典型事例教育。

四、学习必须坚持理论联系实际的学风，运用理论指导工作和个人世界观改造的实际，努力从理论和实际的结合上去说明实际问题，提高认识问题和解决问题的能力，提高政治敏锐性和政治鉴别力。

五、改进学习方式方法，提高学习质量和效果。要利用集中讨论、理论讲座、中心发言、学习报告会等方法，提高干部学习理论的兴趣，使理论学习收到实效。

六、坚持学习考勤制度。全体职工必须按时参加集中学习，无特殊情况不得请假。如有特殊情况不能参加学习者，必须经党委书记批准，并于事后主动补课。

七、严格学习纪律。集中学习时，不准阅看与学习无关的报刊，不准接待客人，不准擅自离开会场，把手机处于震动状态。

八、坚持记学习笔记。集中学习和自学必须记学习笔记，每年学习笔记不得少于5000字，学习体会不得少于1篇，每篇不得少于300字。要积极参加理论研讨和工作调研，积极撰写理论文章和调查报告，提高运用理论说明实际问题的能力。

党风廉政建设审计制度

第一章 总则

第一条 为了加强本公司的内部审计工作，根据国家有关审计的法律法规和股份公司规范化的要求，结合本公司实际，特制定本制度。

第二条 本制度所称被审计对象，特指公司各部室、境内全资或控股子公司，上述机构相关责任人员。

第三条 本制度所称内部审计，包括监督被审计对象的内部控制制度运行情况，检查被审计对象会计账目及其相关资产，监督被审计对象预决算执行和财务收支，评价重大经济活动的效益等行为。

第二章 内部审计机构和人员

第一条 公司内部审计机构为审计部，对公司财务收支和经济活动进行系统的内部审计监督。

第二条 审计部配备专职审计人员若干人，设审计部主任1名，由审计委员会提名后董事长任免，审计部主任对董事会负责，向审计委员会报告工作。

第三条 内部审计人员应具有与审计工作相适应的审计、会计、经济管理、工程技术等相关专业知识和业务能力。

第四条 内部审计人员根据公司制度规定行使职权，被审计部门（个人）应及时向审计人员提供有关资料，不得拒绝、阻挠、破坏或者打击报复。

第五条 内部审计人员要坚持实事求是的原则，忠于职守，客观公正、廉洁奉公、保守秘密；不得滥用职权，徇私舞弊，玩忽职守。

第六条 内部审计人员办理审计事项，与被审计对象或者审计事项有利害关系的，应当回避。

第三章 内部审计机构的工作内容和职责

第一条 内部审计的范围

公司内部审计范围包括财务审计、内控审计以及专项审计。

党风廉政建设谈话制度（试行）

为加强对党员干部特别是领导干部的教育和监督，促进廉洁从业，推动党风廉政建设和反腐败工作深入开展，结合本项目部实际，制定本实施制度。

一、谈话类别

廉政建设办公室负责全项目党风廉政建设谈话制度的组织，党委书记、纪检委员负责实施，做到经常化、制度化。

党风廉政建设谈话分为：制职、科室主要负责人谈话；科室干部任前廉政谈话；诫勉谈话；提醒谈话等。

二、谈话内容

（一）制职及科室主要负责人谈话，主要内容是：

1，沟通、交流部门贯彻执行党的路线方针政策，特别是遵守政治纪律的情况。

2，沟通、交流部门落实党风廉政建设责任制，开展党风廉政建设和反腐败工作的情况。

3，沟通、交流部门贯彻执行民主集中制和《党政领导干部选拔任用工作条例》的情况。

4，了解掌握部门领导班子成员执行廉洁自律各项规定，加强对配偶、子女和身边工作人员的思想教育和管理的情况。

5，研究分析当前党风廉政建设和反腐败斗争中的突出问题，结合实际提出有针对性的意见、建议和要求。

6，其他需要互相沟通的情况和需要共同研究的问题。

（二）科室领导干部任前廉政谈话，主要内容是：

1，按照领导干部廉洁自律的规定，对其提出廉洁从政的具体要求；

2，结合不同领导岗位的实际情况，有针对性地提出党风廉政建设和反腐败工作的具体责任。

工作人员廉政守则（试行）

1、为进一步加强项目党风廉政建设，依据《中国共产党章程》、国家有关法律、法规以及公司廉政建设有关规定，制定本守则。

2、项目全体职工必须遵守国家宪法、法律、法规和行政纪律，正确行使职权，秉公办事，清正廉明，忠于职守，不以权谋私。

3、职工不准玩忽职守，按规定能办的事即刻办，不准借故拖延、推诿属于职权范围内的工作事项，不准刁难、索取所管理和服务对象的钱物。

4、职工不准贪污、私分公款公物；不准索贿、受贿、行贿或介绍贿赂；不准在机械、物资、用工等经营活动中违反规定接受各种回扣、手续费、劳务费。

5、不准违反财务制度将公款私存或设立小金库；不准借用公款逾期不还；不准以任何方式侵占国家、集体和私人的财物。

6、不准在公务活动中索取或接受礼金和各种有价证券及贵重物品，无法拒收的，应按规定上缴；不准接受可能对公正执行公务有影响的礼品和宴请。

7、不准利用职权为配偶、子女、及其他亲属从事与经营活动有关提供优惠条件。

8、职工必须克勤克俭，保持艰苦朴素、勤俭节约的优良传统，维护国家利益。

9、职工必须洁身自爱，自觉维护单位形象，从事各种活动必须与其职务、身份相称。

10、职工必须品行端正，遵守社会公德，禁止参与色情、赌博、吸毒、迷信等活动。

11、领导干部必须严格遵守国家有关法律、规定，自觉维护人事纪律，做到公道正派，任人唯贤，不搞小圈子。

廉政工作奋斗目标

为加强党风廉政建设，完成公司党风廉政建设工作目标，应努力：

一是继续加强反腐倡廉教育，构筑拒腐防变的思想堤防，重点抓好"三类教育"，即抓好先进典型示范教育、反面教材警示教育、党纪法规强化教育。

二是继续加强反腐倡廉制度建设，充分发挥制度在防治腐败中的保证作用。按照"必要、管用"的原则，建立和完善各项规章制度。

三是继续加强对权力运行的制约和监督，突出"三个重点"：重点加强对领导班子、领导干部决策行为的监督；重点加强对党员干部廉政行为的监督；重点加强对人财物管理行为的监督。

四是继续加强党风廉政建设责任制的落实，强化纪检监察工作的组织领导。明确贯彻落实党风廉政建设责任制的总体要求、工作方针、领导体制和考核机制，进一步加强对纪检监察干部的教育培训和实践锻炼。

2.2.3 建立防控体系

建立防控体系，力求做到纵向到底，横向到边。根据项目部的岗位职责分工，一般要覆盖项目领导班子成员、部室领导、党员干部和管理岗位的人员。具体内容有：

廉政建设档案

（1）签订党风廉政建设责任书。

（2）建立领导人员廉洁档案。

（3）建立企业职工廉洁档案。

（4）填制党员领导干部个人有关事项报告表等。

1）签订"党风廉政建设责任书"

主要是项目党政主管与项目领导

班子副职、各部室主管签订，基本内容如下：

党风廉政建设责任书

为加强项目党风廉政建设，提高每一个党员干部廉洁从业的自觉性。根据公司党风廉政建设规定要求，项目党政主管（以下简称甲方）与项目领导班子副职、各科室主管（以下简称乙方）签订本廉政建设责任书，望严格遵守。

一、甲方责任：

1、认真贯彻落实公司党风廉政建设的部署和要求，按照公司制定的党风廉政建设工作计划，严格执行并付诸实施。

2、积极开展党风廉政建设教育活动，努力提高员工反腐倡廉思想意识。

3、自觉接受公司和群众对党风廉政建设的监督、检查和考核。

二、乙方责任：

严格遵守公司党风廉政建设的各项规定，努力做到：

1、不利用职权营私舞弊，行贿受贿，弄虚作假，欺上瞒下；

2、不利用职务上的便利，将个人或亲属应由个人支付的费用由下属单位或其它单位支付、报销；

3、不参加赌博或变相赌博、吸毒等违法活动；

4、不收受或参加可能影响执行公务的宴请和礼品馈赠；

5、不以经营活动的名义，侵占企业利益，中饱私囊；

6、不通过不正当关系安排个人、亲属或关系劳务队及机械车辆在本项目内部施工；

7、不利用职务上的便利或本企业资源、商业秘密从事有偿中介活动；

三、违约责任：

如违反上述规定者，项目按管理权限，呈报公司依据党风廉政建设有关规定给予党纪、政纪处分。涉嫌犯罪的，移交司法机关追究刑事责任。

四、本责任书一式二份，甲乙双方各执一份。

年　月　日

党风廉政建设责任书会签表

序号	姓　名	个人签名	党政主管签字
1			
2			
3			
4			

2）建立健全“企业领导人员廉政档案”

主要是反映企业领导人员廉洁自律的原始资料，是对企业领导人员奖罚、升迁和任用的客观依据。具体内容如下：

企业领导人员廉政档案

姓　名		性　别		民　族	
学　历		党团员		职　务	
工作时间		出生年月		籍　贯	
主要工作简历					
拒收礼金情况					
上交礼金情况					
何时受过何种奖励					
何时受过何种处分					
个人收入情况					
个人重大事项报告					
民主测评情况					
任期经济责任审计情况					
党风廉政建目标完成情况					
群众举报及核实情况					
备　注					

3）签订“领导人员廉洁从业承诺书”

这是领导人员公开向党组织和群众作出承诺的一种形式。具体内容如下：

领导人员廉洁承诺书

根据公司纪委关于企业管理人员开展廉洁承诺活动的要求，本人作出如下公开承诺：

1. 坚决做到不向公司领导及上级机关工作人员、项目领导赠送现金、有价证券、贵重物品。

2. 坚决做到拒收劳务队伍、个人和有业务关联的单位、个人所送的现金、有价证券、贵重物品，拒绝不了的上交组织，并进行登记。

3. 坚决做到在项目经营活动中、物资设备采购中、劳务队伍选择中依法依规办事，杜绝利用职权和影响索贿、受贿行为。

4. 坚决做到不利用职权在项目经营活动中谋取私利；不利用项目的经营活动从事个人和亲属谋利的活动。

5. 坚决做到不参加高消费娱乐活动；不用公款支付或报销应由个人承担的费用。

6. 坚决做到不参与赌博、吸毒等违法活动。

以上承诺请党组织和广大职工监督。

领导人员廉洁承诺会签表

序号	部室名称	部室主管
1		
2		
3		

4）递交“个人廉洁从业承诺书”

这是党员干部公开向党组织和群众作出承诺的一种形式。具体内容如下：

个人廉洁从业承诺书

为加强项目党风廉政建设，提高个人廉洁承诺的自觉性，根据公司党风廉政建设规定和业主有关廉政建设的要求，本人作出如下承诺：

1. 坚决做到不向上级领导和工作人员赠送现金、有价证券、贵重物品。

2. 坚决做到拒收劳务队伍、个人和有业务关联的单位、个人馈赠的现金、有价证券、贵重物品，拒绝不了的上交组织，并进行登记。

3. 坚决做到在项目经营活动中、物资设备采购中、劳务队伍选择中依法依规办事，杜绝利用职权和影响索贿、受贿行为。

4. 坚决做到不利用职权在项目经营活动中谋取私利；不利用项目的经营活动从事个人和亲属谋利的活动。

5. 坚决做到不参加高消费娱乐活动；不用公款支付或报销应由个人承担的费用。

6. 坚决做到不参与赌博、吸毒等违法活动。

以上承诺请党组织和广大员工监督。

个人廉洁从业承诺会签表

序号	姓名	个人签名
1		
2		
3		

5）建立健全"企业员工廉政档案"

"企业员工廉政档案"是反映企业员工特别是特殊管理岗位员工廉洁自律的原始资料，是对企业员工奖罚、升级和任用的客观依据。具体内容如下：

企业员工廉政档案

姓 名		性 别		民 族	
学 历		党团员		职 务	
工作时间		出生年月		籍 贯	
主要工作简历					
拒收礼金情况					
上交礼金情况					
何时受过何种奖励					
何时受过何种处分					
个人收入情况					
个人重大事项报告					
民主测评情况					
任期经济责任审计情况					
党风廉政建设目标完成情况					
群众举报及核实情况					
备注					

6）填报"党员公开承诺登记表"

"党员公开承诺登记表"是党员个人每年一次根据各自的工作岗位，向党组织和群众公开承诺的一种形式，其中包括：共性承诺、岗位承诺、实事承诺和廉洁承诺等内容，通过职工大会或张贴的形式向群众公开承诺，接受群众监督。具体内容如下：

党员公开承诺登记表

党员姓名		岗位（工种）	
所在党组织		公开电话	
共性承诺			
岗位承诺			
实事承诺			
廉洁承诺			
承诺内容公开形式			
党支部审查意见	支部书记： 年 月 日		

7）填报“党组织公开承诺登记表”

这是项目党组织每年一次根据项目管理目标，向群众公开承诺的一种形式，其中包括：年内重点工作、承诺内容等，通过职工大会或张贴的形式向群众公开承诺，接受群众监督。具体内容如下：

党组织公开承诺登记表

党组织名称			
党组织负责人		公开电话	
年内重点工作			
承 诺内 容			
承诺内容公开形式	会议宣读或公开张贴		
上级党组织审查意见	年 月 日		

8）填报“党员领导干部个人有关事项报告表”

“党员领导干部个人有关事项报告表”是反映党员领导干部个人定期向党组织汇报个人有关事项的报告表，内容包括：个人婚姻、家庭主要成员的基本情况和个人工资收入等情况。具体内容如下：

党员领导干部个人有关事项报告表

姓 名		性别		出生年月	
工作单位及职务					
报告事项		报 告 内 容			
1. 本人婚姻变化情况					
2. 本人持有因私出国（境）证件的情况					
3. 本人因私出国（境）的情况					
4. 子女与外国人、港、澳台居民通婚的情况					
5. 配偶、子女出国（境）定居及有关情况					
6. 其他需要向组织说明的情况					

9）开展岗位廉洁风险点排查防范和公开承诺活动

这是旨在通过对重点领域、重点部位和重点环节存在的廉洁风险点的“查、防、控”，切实提高各级领导人员、管理人员抵御廉洁风险的能力，建立与企业发展相适应，融教育、制度、监督于一体，从源头上有效防控廉洁风险的新机制，扎实推进惩防腐败体系建设。具体内容如下：

关于开展岗位廉洁风险点排查防范活动的通知

公司所属各单位党委、党支部：

为深入贯彻中央纪委十七届五次全会精神，全面落实《建立健全惩治和预防腐败体系2008-2012年工作规划》和《国有企业领导人员廉洁从业若干规定》，进一步规范企业各级领导人员权力运行，监督各级领导人员和关键岗位工作人员正确履行职责，根据集团公司的统一部署，公司纪委决定用一个月左右的时间在全公司组织开展岗位廉洁风险点排查防范活动，现将有关事项通知如下：

一、指导思想

以中纪委五次全会精神为指导，坚持"标本兼治、综合治理、惩防并举、注重预防"的反腐倡廉工作方针，按照胡锦涛总书记提出的三个"更加注重"的要求，通过开展岗位廉洁风险点排查防范活动，进一步拓展从源头上防治腐败的工作领域，健全完善惩治和预防腐败体系，推动企业反腐倡廉工作深入开展。

二、工作目标

通过对重点领域、重点部位和重点环节存在的廉洁风险点的"查、防、控"，切实提高各级领导人员、管理人员抵御廉洁风险的能力，建立与企业发展相适应，融教育、制度、监督于一体，从源头上有效防控廉洁风险的新机制，扎实推进惩防腐败体系建设。

三、重点领域

一是决策领域。重点排查在企业重大决策、重要干部任免、重要事项安排和大额度资金使用等过程中，是否存在以个人权力或行使岗位职责之便，为其本人、亲属、以及利益相关人谋取私利，致使擅自决策、越权决策、违规决策给企业造成重大损失或企业信誉受到严重影响的行为。

二是干部人事领域。重点排查选人用人环节是否严格按照民主推荐、民主测评、组织考核、集体研究、任前公示和任前审查、审计等程序进行。在公开选拔、竞争上岗、重点岗位人员交流、干部选拔任用等环节是否有收受财物、利益往来、任人唯亲、地域观念等不当行为。

三是经济管理领域。重点排查在实行财务集中管理、财务帐目管理、私设"小金库"和"帐外帐"、资金支付、报销审批，以及在贷款、拆借、拨款、列销、核算等工作中是否有超出职责或乱用职权，为其本人和利益相关的人员谋取私利的行为。

四是物资设备及外部劳务领域。重点排查大宗物资、设备采购和外部劳务使用"三项招标"是否严格按照相关程序，采取公开招标方式。是否有泄露投标人、评标人名单以及其保密信息的行为，是否有个人指定产品、供应商，搞暗箱操作的行为；有没有以明显高于市场价格采购物资设备的现象；是否利用自己的职权指定投标人或为投标人中标提供便利条件；是否利用职权或职务之便牟取私利；是否使用了亲友、关系和具有不良信誉记录的外包队，是否有给外包队超验工、超计价、超拨款的问题。

五是内部管理领域。重点排查各级管理人员在差旅费管理、内部和外事接待消费、车辆修理、印章管理、建筑和维修项目资金使用等管理事务方面存在损公肥私、以权谋私的行为。

六是监督检查领域。重点排查各职能部门在负责组织的各种监督、检查、评比、审计等工作中，是否有接受贿赂、受审、受监督单位和个人吃请，或接受礼品礼金、有价证券等不廉洁行为；是否在监督、检查、审计等工作过程中有碍于人情关系、收受礼品财物等因素而影响监督检查效果的问题。

四、范围、步骤和时间安排

此次岗位廉洁风险点排查防范活动的人员范围，主要是各单位中层以上管理人员和从事人事、物资、计划、财务岗位工作的人员。实施步骤为组织动员、个人排查、组织审定、实施承诺、完善制度、监督落实六个阶段，总体要求在六月底完成。

1、组织动员。各单位要结合实际，采取多种形式进行动员教育，在动员教育过程中，要组织各级领导人员和管理人员认真学习中纪委四次、五次会议精神和股份公司、集团公司党风廉政建设工作会议的有关要求，以及《国有企业领导人员廉洁从业若干规定》、《关于实行党政领导干部问责的暂行规定》和《国有企业领导人员违反廉洁自律"七项要求"政纪处分规定》等相关规定，进一步明确此项活动的重要意义。

2、个人排查。个人岗位廉洁风险点排查工作要结合上述六大重点领域，按照权力运行流程和"谁行使、谁梳理"的原则，根据自己工作岗位的职责权限、操作流程、关键环节和重要部位，突出重点，查准找实，同时要针对排查出的风险点，认真严肃地提出具体防范措施，坚决克服避重就轻、敷衍塞责的形式主义。

3、组织审定。通过自己找、群众提、领导点等多种方式查找出的岗位廉洁风险点，要经过一定的组织形式进行讨论，最后由组织审定。组织审定环节的工作重点是对个人排查出的岗位廉洁风险点进行补充和完善，经组织审定后，由本人填写《岗位廉洁风险点排查防范表》。

4、实施承诺。经组织审定确定个人的岗位廉洁风险点后，要针对查找和分析出的岗位风险点中易发多发的具体内容做出廉洁承诺，并以一定形式公开，接受组织和职工群众的监督。公司纪委将依据承诺人的岗位特点和风险防范措施落实情况、践诺情况开展监督检查，发现问题及时纠正，进一步促进各级领导人员和关键岗位人员廉洁从业。

5、完善制度。各单位要对查找出来的廉洁风险点进行研究分析，并按照完善内部规范、优化业务流程、提高管理效率、促进廉洁从业的要求，进一步规范权力运行流程，完善操作规程，针对排查出的廉洁风险点，及时建立、修订和完善相关的制度来加以预防，不断完善反腐倡廉防控机制，逐步形成长效工作机制。

6、监督落实。要建立廉洁风险点资料库，对风险防范措施落实情况进行信息监测和分析，做到早发现、早防控、早整改，及时化解各类风险，各单位要设立"监督箱"，及时了解不同渠道反映的信息；党小组每月组织一次岗位廉洁风险承诺落实情况汇报会，由本人汇报承诺内容的落实情况、存在的问题以及改进措施；党支部每季度组织一次讲评会，表现好的同志给予表扬，表现差的提出批评，对廉洁风险存在苗头性、倾向性问题的单位、部门和个人，采取警示提醒、诫勉约谈、责任追究等手段，及时帮助、督促和纠正工作中的失误和偏差，使各级领导人员和关键岗位人员避免工作失职、失误、失责。

五、几点要求

1、统一思想，提高认识。各单位要把推进廉洁风险点排查防范工作作为加强企业党风廉政建设总体工作的一项重要任务和预防腐败的基础性工作来抓，认真做好活动的宣传、教育和动员部署，引导大家进一步提高认识，为推进廉洁风险点排查防范工作奠定坚实的思想基础。

2、加强领导，落实责任。根据上级要求，公司成立纪委书记任组长、机关有关部门负责人为成员的廉洁风险点排查防范工作领导小组。各单位也要成立相应的领导组织，各负其职，务实操作，认真按照通知要求，从计划安排、工作流程和细部环节的实际操作着手，进一步细化、量化工作任务和目标，确保此项工作有组织、有计划地扎实推进。

3、全面排查，务求实效。廉洁风险点排查防范工作要紧紧依据本单位、部门、个人岗位职责和实际情况来开展。要把排查活动同工程建设领域突出问题专项治理、"大反思、大检查、大整改"活动、迎审工作、"小金库"专项治理等工作统筹安排，有机结合，求实务效。整个排查活动结束后，各单位于2010年7月1日前本部上报排查流程表和《岗位廉洁风险点排查防范表》、《岗位廉洁风险点排查防范承诺书》。

年 月 日

岗位廉洁风险点排查防范承诺要点

一、领导班子成员：

1、重点排查在企业重大决策、重要干部任免、重要事项安排和大额度资金使用等过程中，是否存在以个人权力或行使岗位职责之便，为其本人、亲属、以及利益相关人谋取私利，致使擅自决策、越权决策、违规决策给企业造成重大损失或企业信誉受到严重影响的行为。

2、重点排查选人用人环节是否严格按照民主推荐、民主测评、组织考核、集体研究、任前公示和任前审查、审计等程序进行。在公开选拔、竞争上岗、重点岗位人员交流、干部选拔任用等环节是否有收受财物、利益往来、任人唯亲、地域观念等不当行为。

二、财务部门：

重点排查在实行财务集中管理、财务帐目管理、私设"小金库"和"帐外帐"、资金支付、报销审批，以及在贷款、拆借、拨款、列销、核算等工作中是否有超出职责或乱用职权，为其本人和利益相关的人员谋取私利的行为。

三、物料、计划、施工部门：

重点排查大宗物资、设备采购和外部劳务使用"三项招标"是否严格按照相关程序，采取公开招标方式。是否有个人指定产品、供应商，搞暗箱操作的行为；有没有以明显高于市场价格采购物资设备的现象；是否利用自己的职权指定投标人或为投标人中标提供便利条件；是否利用职权或职务之便牟取私利；是否使用了亲友、关系和具有不良信誉记录的外包队；是否有给外包队超验工、超计价、超拨款的问题。

四、机料、办公室：

重点排查各级管理人员在差旅费管理、内部和外事接待消费、车辆修理、印章管理、建筑和维修项目资金使用等管理事务方面存在损公肥私、以权谋私的行为。

五、其他部门：重点排查各职能部门在负责组织的各种监督、检查、评比、审计等工作中，是否有接受贿赂、受审、受监督单位和个人吃请，或接受礼品礼金、有价证券等不廉洁行为；是否在监督、检查、审计等工作过程中有碍于人情关系、收受礼品财物等因素而影响监督检查效果的问题。

岗位廉洁风险点排查防范表

单位纪检监察部门盖章：　　　　填表日期：　　年　月　日

岗位人员姓名		工作岗位		单位	
岗位主要职责					
岗位存在廉洁风险点					
防控措施	责任人员签字： 年　月　日				
党支部意见	党支部书记签字： 年　月　日				

备注：1、本表一式二份，一份交支部，一份交单位纪委备存。

2、填写时如有需要，可另附页。

岗位廉洁风险点排查防范承诺书

为贯彻落实《国有企业领导人员廉洁从业若干规定》，针对本人排查出的岗位廉洁风险点，特作如下承诺，请党组织和广大员工监督：

1、

2、

3、

承诺人签字：

年　月　日

10）根据廉政建设责任体系和重点防范的岗位，聘请廉政建设监督员

通过排查出重点防范的要点，绘制框图。并悬挂在会议室或院内醒目位置。其尺寸根据地方的大小设计。

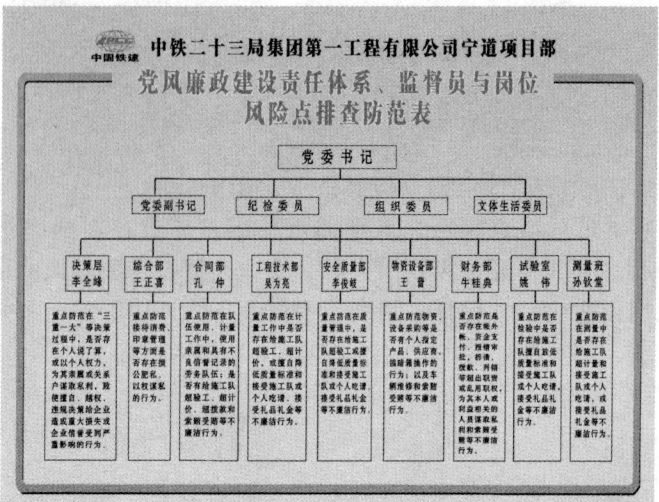

11）制作“党员岗位承诺公示栏”

将“党员岗位承诺公示栏”悬挂在会议室或院内醒目位置。其尺寸根据地方的大小设计。

践行科学发展观 保持党的先进性

宁道项目部09年度党员岗位承诺公示栏

照片及姓名	承诺内容
李全峰	对项目管理实施有效控制，完成与业主签定的工程承包合同和公司下达的各项责任指标；搞好项目各类生产要素的调配与管理，对项目“三重一大”履行必要的集体决策程序；自觉接受上级机关的监督检查，服从上级的调控与管理；廉洁从业，严格遵守党纪党规，不参与任何违法活动。
农光解	保证党的路线方针政策、集团公司、公司党委的各项决议在项目上得到贯彻落实；完成与业主签定的工程承包合同和公司下达的各项责任指标；积极做好思想政治工作，不出现因监管不力而出现职工违法犯罪行为发生；协调理顺内外关系，妥善解决重点难点问题；遵纪守法，廉洁从业，做到清清白白做人，明明白白做事。
田会宾	对现场实行监督管理，保证各项指令落实到位，不出现因指挥失误或协调不力而影响正常的施工生产；按照标准化工地建设目标创建标准化工地；加强安全管理，不出现因监控不力导致安全责任事故发生；廉洁从业，严格遵守“十不准”。
马先升	加强安全管理，不出现因监控不力导致安全责任事故发生；严格质量监控，不出现因监控不力导致万元以上的返工现象，不利用职务上的便利向施工队“吃、喝、拿、卡、要、报”，不参与赌博，不以经营名义侵占公司利益。
李洪雨	加强计划工作，管好施工队伍，严格过程控制，确保项目工期、安全、质量、效益目标圆满完成；严格按项目廉政“十不准”，不贪污不受贿。
聂成友	严格技术监控，不出现因工作失误或监督不力而出现技术、质量问题；制订科学、合理、低耗的实施性施工组织设计并付诸实施；廉洁从业，不利用职务上的便利给下属单位报销发票，不参与赌博，不以经营活动名义侵占公司利益。
吴为亮	加强技术管理，不出现因工作失误或监督不力而出现技术、质量问题；及时解决施工中的技术难题，不出现因协调不力而影响正常的施工生产；廉洁从业，严格遵守“十不准”。
刘传孝	搞好内部协调，保证政令畅通，确保各项指令落实到位；加强食堂管理，对食堂的采购、伙食、卫生等实行定期检查和不定期抽查，杜绝食物中毒现象发生；廉洁从业，克己奉公，遵纪守法，不贪不占，不行贿受贿。
牛桂典	严格财经纪律，杜绝违法、违纪、违规的行为发生；对计量支付严格把关，不出现因把关不严导致超付或错付等现象发生；按公司管理规定，及时发放员工工资，按期足额上交内部职工的各项规费；严格保守商业秘密，不私自向外界提供或泄露财务信息；严格遵守“十不准”。
张岐臣	认真学习《食品卫生法》，保证饭菜卫生、食堂整洁；认真听取广大职工的意见和建议，注意伙食的搭配与调节，保证职工吃上可口的饭菜。
王玉海	认真完成本职工作，对工作尽心尽责，保质保量完成领导分配的各项任务；严格遵守“十不准”。
王蓓香	认真履行职责，积极努力工作，全面完成领导交办的各项工作；严格遵守“十不准”。
李 静	认真履行职责，管好内业资料，全面完成领导交办的各项工作；严格遵守“十不准”。
赵颜宾	认真履行职责，积极努力工作，全面完成领导交办的各项工作；严格遵守“十不准”。

2.2.4 设立告示牌、公开举报电话

设立告示牌、公开举报电话等形式，其目的主要是以视窗感觉，潜移默化地警示每一位员工要时刻警惕，做到清清白白做人，干干净净做事。铭记廉洁是对父母最大的孝顺，更是对亲人最大的负责。名位利禄皆为身外之物，品格事业才是立身之本。廉洁方能聚人，律己方能服人。

内容主要包括：

（1）党风廉政建设告示牌。

（2）党员岗位承诺公开栏。

（3）党风廉政建设组织机构框图及风险点排查表。

（4）领导人员廉洁从业十不准。

（5）企务公开栏。

（6）廉洁格言警句等。

1）制作“党风廉政建设告示牌”

将“党风廉政建设告示牌”悬挂在会议室或院内醒目位置。其尺寸根据地方的大小设计。

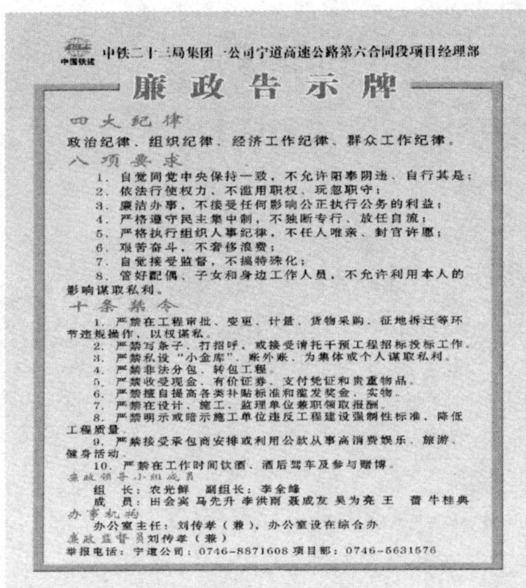

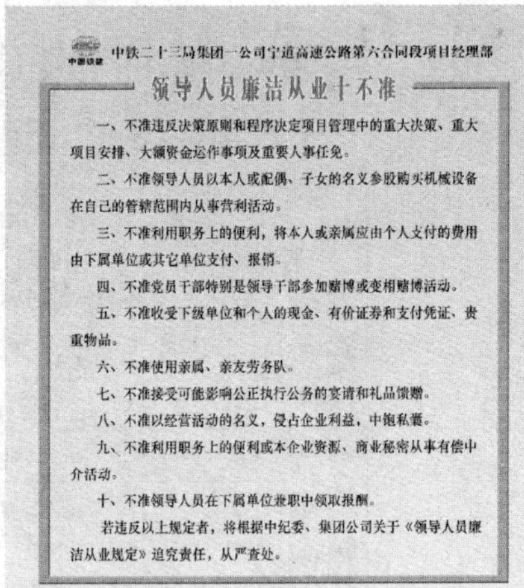

2）制作“领导人员廉洁从业十不准告示牌”

将“领导人员廉洁从业十不准告示牌”悬挂在会议室或院内醒目位置。其尺寸根据地方的大小设计。

3）制作“企务公开栏”

将“企务公开栏”悬挂在会议室或院内醒目位置。其尺寸根据地方的大小设计。

4）制作“党风廉政建设举报箱”、“小金库专项治理工作领导小组举报箱”、“工程建设领域突出问题专项治理工作举报箱”。

制作上述举报箱并公开举报电话，其尺寸各为32cm×28cm×10cm，材料为不锈钢板或镀锌铁皮。悬挂在会议室外或院内醒目位置，并指定专人负责，一般每15天开箱一次。开箱时要有两人以上在场，开箱结果在已经制作好的“开箱记录单”上分别签字，并存好归档备案。

5）廉政举报箱开箱记录单

开箱时间	年　月　日	收集举报信	份
开 箱 人		见 证 人	
处理情况			

说明：1. 开箱必须有两个人在场，并同时签字方能生效；

2. 处理情况说明交给哪位领导，落实到什么程度。

6）成立并挂牌“工程建设领域突出问题专项治理工作领导小组办公室”

“工程建设领域突出问题专项治理工作领导小组办公室”在廉政建设领导小组领导下开展工作。

牌子尺寸为：70cm×50cm

2.2.5 积极开展各种活动

积极开展各类活动，是保证党风廉政建设工作的一个重要组成部分。开展各项活动的目的，是深化并确保各项规章制度和工作目标落到实处。要求一要组织保证、加强领导；二要长效机制、目标量化；三要监督检查，注重效果。具体操作如下。

1）制订工作目标并行文下发执行

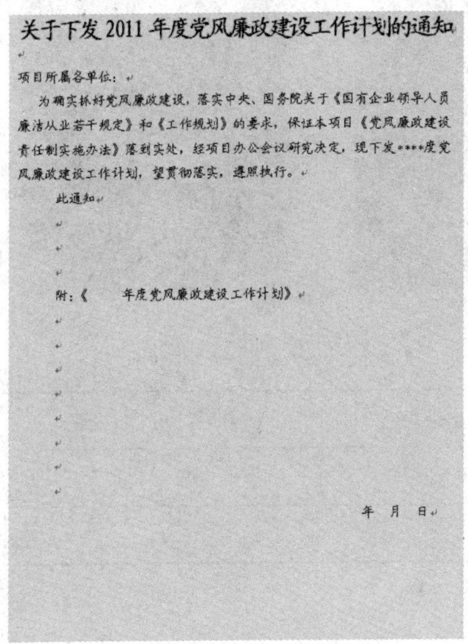

关于下发2011年度党风廉政建设工作计划的通知

项目所属各单位：

为确实抓好党风廉政建设，落实中央、国务院关于《国有企业领导人员廉洁从业若干规定》和《工作规划》的要求，保证本项目《党风廉政建设责任制实施办法》落到实处，经项目办公会议研究决定，现下发****度党风廉政建设工作计划，望贯彻落实，遵照执行。

此通知。

附：《　　年度党风廉政建设工作计划》

年　月　日

年度党风廉政建设工作计划

为确实抓好党风廉政建设，落实中央、国务院关于《国有企业领导人员廉洁从业若干规定》和《工作规划》要求，结合本项目实际，现制定****年党风廉政建设工作计划并下发执行。

一、指导思想

以科学发展观为统领，全面贯彻落实中纪委五次全会精神，以强化党风廉政建设责任制为重点，全力推进党风廉政建设，紧密结合本项目的特点，从基础抓起，从点滴入手，全面提高党员干部队伍素质，为项目持续、健康发展营造一个宽松和谐的环境。

二、工作内容

1. 组织学习，认真开展党性、党风、党纪和廉政建设等方面的宣传教育，进一步提高党员干部廉洁自律的自觉性。

2. 及时传达贯彻上级和业主有关党风廉政建设的方针、政策法规，建立健全有关规章制度，并认真加以落实。

3. 进一步规范党员干部廉洁从业行为，深入开展党员承诺活动，保持党的先进性和长效机制。

4. 项目中心组全年不少于一次专题讨论研究党风廉政建设工作；召开一次领导干部民主生活会。

5. 及时、认真处理好群众来信来访所反映的问题，解决好本项目职工生活、工作等方面存在的困难，严肃查处违法违纪案件。

三、工作安排

根据公司和业主关于党风廉政建设的总体安排与要求，今年我项目部的党风廉政建设工作共分三个阶段进行：

1. 学习提高阶段：（时间1—4月份）。结合本项目部年初制订的工作重点与学习计划，通过有针对性的学习，不断提高全体党员干部党风廉政建设的思想认识，消除消极思想，增强领导干部廉洁自律的自觉性。

2）开展民主评议党员活动

关于开展2010年度民主评议党员活动的通知

2010年6月24日

中国共产党党员民主评议表

中国铁建

单位：

姓名：

中共中铁二十三局集团第一工程有限公司委员会

民主评议党员测评表

姓名：

评议项目	优秀	良好	合格	不合格
理想信念				
政治素质				
宗旨观念				
工作业绩				
党风廉政建设				
综合评议	年 月 日			

民主评议党员登记表

<table>
<tr><td>姓名</td><td></td><td>性别</td><td></td><td>出生年月</td><td></td></tr>
<tr><td>文化程度</td><td></td><td>参加工作时间</td><td></td><td>入党时间</td><td></td></tr>
<tr><td>党内职务</td><td colspan="2"></td><td>行政职务</td><td colspan="2"></td></tr>
<tr><td>所在单位党组织名称</td><td colspan="5"></td></tr>
<tr><td>党内测评情况</td><td colspan="5"></td></tr>
<tr><td>群众测评情况</td><td colspan="5"></td></tr>
<tr><td>自我鉴定</td><td colspan="5"></td></tr>
<tr><td>党支部大会意见</td><td colspan="5">月 日召开支部大会，应到党员 人，实到党员 人，其中有表决权的党员 人， 名党员同意评为 党员。
党支部书记（盖章） 年 月 日</td></tr>
<tr><td>党支部处置情况</td><td colspan="5">党支部书记签名（盖章）：
年 月 日</td></tr>
<tr><td>党委审定意见</td><td colspan="5">公司党委（盖章）
年 月 日</td></tr>
</table>

民主评议党员情况统计表

单位： 评议时间： 年 月至 年 月

<table>
<tr><td>党支部总数</td><td></td><td colspan="2">党支部数</td><td></td><td colspan="2">结束评议的党支部数</td><td></td></tr>
<tr><td>应参加评议党员数</td><td></td><td colspan="2">参加评议党员人数</td><td></td><td colspan="2">结束党员评议人数</td><td></td></tr>
<tr><td rowspan="4">党员个人写出书面总结数</td><td rowspan="4"></td><td rowspan="4">评议结果</td><td>优秀</td><td></td><td rowspan="6">组织处理情况</td><td>开出党籍</td><td></td></tr>
<tr><td>良好</td><td></td><td>取消预备党员资格</td><td></td></tr>
<tr><td>合格</td><td></td><td>受其他党的纪律处分</td><td></td></tr>
<tr><td>不合格</td><td></td><td>限期改正错误</td><td></td></tr>
<tr><td>原限期改正错误，现已改正</td><td></td><td rowspan="2" colspan="2"></td><td rowspan="2"></td><td rowspan="2">合计</td><td rowspan="2"></td></tr>
<tr><td>原限期改正，现予以除名</td><td></td></tr>
<tr><td>备注</td><td colspan="7"></td></tr>
</table>

领导班子民主生活会征集意见表

填制单位：

对领导班子的意见和建议	
对领导班子成员的意见和建议	
备注	

3）开展党风廉政建设自查自纠活动

关于党风廉政建设自查情况的汇报

公司纪委工作部：

宁道项目部自 7 月 27 日接到公司党纪【2009】70 号文《关于对落实党风廉政建设责任制情况进行检查的通知》后，党政主管十分重视，及时组织召开了班子成员和全体党员会议，就本项目如何更好地落实党风廉政建设责任制情况进行了认真落实和部署，要求每一个党员特别是领导党员干部都要认真开展自查自纠活动，并在实际工作中加以落实和改进。现将自查情况汇报如下：

一、领导重视，强化制度建设

一是宁道项目部自 2008 年 8 月进场以来，在项目组建的同时，迅速成立了党风廉政建设领导小组，相继制订了各项规章制度，并以标牌形式将《国有企业领导干部廉洁从业管理规定》、《四大纪律八项要求十个不准》、《党员岗位承诺公示栏》等设置在院内醒目位置，明确了党员的党风廉政建设的责任范围和内容。

二是制定了党风廉政建设管理规定等一系列保障措施，做到企务公开，并结合项目实际，把党风廉政建设和反腐倡廉工作与生产管理紧密结合起来。领导干部要带头，不用公款进行吃喝玩乐消费，不在单位报销应当由个人支付的费用，更要洁身自好，不收受与本人行使职权有关的任何单位或个人的贿赂，不以权谋利，损公肥私。并发动广大职工参与和监督。

三是注重抓好基础管理工作。全年共签定廉政责任状 18 份，签定廉政承诺书 18 份，建立廉政档案 9 份。我们还专门设立了廉政警示牌，公布举报电话，随时接受群众的监督，通过采取有效措施，以监督和杜绝违法违纪的行为发生。通过拓宽监督渠道，自觉接受党内监督、群众监督和法律监督，不断纠正缺点、树立良好形象等活动。从而有效地推动了项目廉政建设的全面发展，为创建“四好领导班子”营造了健康的环境和平台。

4）开展党员岗位承诺考核评比活动

2010年第4季度党员岗位承诺考评表

序号	姓 名	考核践诺简况	结论
1			
2			
3			
4			
5			
6			

5）党风廉政建设责任状考核情况表

******年党风廉政建设责任状考核情况表**

单 位：宁遗项目部　　2011年3月10日

序号	考核内容	标准分数	应扣分	考核得分	备注
一	**体制机制建设**	10			
	1、每个党支部、党委有纪检监察员（兼职）	2			
	2、按总公司和集团公司、公司要求建立纪检监察工作制度，建立中层以上领导廉政信息	4			
	3、落实《廉洁从业规定》，与所属负责人签订责任状、每季有检查有考评	4			
二	**领导人员廉洁自律**	40			
1	**认真搞好廉洁自律教育**	10			
	按公司要求，将廉政建设宣传教育作为单位中心组学习和“三会一课”的内容之一	3			
	深入学习贯彻《党章》《纲要》，推进廉洁文化建设，开展廉洁承诺活动	4			
	深入开展对各级领导人员的党性党风学党纪教育，加强领导人员作风建设	3			
2	**认真落实监督措施**	10			
	重点对领导人员执行《规定》、“四大纪律八项要求”、“三个不得”和“七个不准”进行监督	4			
	项目部领导班子、基层支部班子成员在民主生活会上汇报廉洁自律情况	2			
	在项目部开展“建一流工程，创廉洁项目”活动	2			
	班子民主生活会后一个月内，项目经理、书记、基层党支部书记、经理向公司纪委书面报告廉洁自律情况	2			
3	**严格执行“三重一大”制度**	10			
	企业重大决策、重要人事任免、重要事项安排、大额度资金使用都要认真履行集体决策程序，对因独断专行、擅自决策给单位造成经济损失或影响企业信誉的，此项不得分，并按集团公司《企业重大问题决策及决策失误追究制度》对责任人给予处罚	10			
4	**严格规范职务行为**	10			
	领导人员不得利用婚丧嫁娶大操大办借机敛财；不得到本单位、下属单位或其他关系单位报销应当由个人支付的费用；不得收受本单位、下属单位用公款安排的个人、亲属旅游观光活动；不得超付工程款；不得违反规定超标准报销差旅费；不得公款私存或利用单位银行账户为个人谋取利益；不得违反规定收受与本人行使职权有关单位或个人的现金、股票、有价证券、支付凭证、贵重物品等。	10			
5	**有力推进惩防体系建设**	15			
	认真贯彻《建立健全惩治和预防腐败体系2008-2012年工作规划》、总公司《实施办法》和公司《实施办法》明确各级组织、各级领导人员落实惩防体系的责任，有力推进反腐倡廉制度建设和惩防体系建设。未落实惩治体系责任和未建立反腐倡廉制度的，此项未得分	15			
6	**配合做好执法效能监察和案件查处工作**	30			
	1、集团公司、公司部署的执法效能监察工作得到落实	5			
	2、认真执行“三项招标”制度，对大宗物资、机械设备和外部劳务使用等进行招标采购	10			
	3、落实好公司制定的各项规章制度	10			
	4、在上级纪委调查时，项目领导人员积极配合、支持纪委、审计工作，帮助协调关系	5			
7	**严厉进行责任追究**	5			
	对因管理不善造成安全、质量事故的，对当事人、责任人进行严厉的责任追究；对因教育、引导不力酿成群体事件的，对当事人、责任人要进行责任追究；对各级领导人员、特别是各级班子成员，因工作作风不扎实、生活作风不检点，给企业造成不良影响的要追究责任。	5			
	合计得分	100			

6）开展党风廉政建设工作总结活动

活动一般半年、整年进行一次。总结材料实例如下：

党风廉政建设工作总结

宁建项目部党风廉政建设工作在公司党委、纪委的正确领导下，坚持以邓小平理论和“三个代表”重要思想为指导，认真贯彻落实科学发展观，坚持党的基本路线，全面履行职责，按照公司纪委的安排部署和工作要求，认真落实党风廉政建设责任制，深化党风廉政建设工作，加大管理力度，有力的促进了党风廉政建设工作，从而保证了各项工作的持续健康发展。现将本项目部2009年上半年党风廉政建设工作总结如下。

一、廉政建设基础工作得到加强。

项目组建伊始，我们就根据公司的要求，把建家建线与加强党风廉政建设工作同步建设。一是成立了党风廉政建设领导小组。同时根据企业管理规定和廉政建设的要求，相继成立了包括党委、团委、工会、女工委、施工生产、物资设备、安全质量、成本核算、抗洪抢险等管理领导小组。二是建立健全党风廉政建设各项规章制度。先后制定并出台了《党风廉政建设责任制实施办法》、《党风廉政建设制度》、《廉政建设责任考核制度》、《党风廉政建设监督制度》、《党风廉政建设学习制度》、《党风廉政建设审计制度》等一系列党风廉政建设规定。并制作了包括组织机构框图、“四大纪律、八项要求、十条禁令”、党员岗位承诺公示栏等一系列框图和警示牌。三是按不同岗位分别签订了党员干部廉政责任书和岗位承诺，同时建立了《企业员工廉政档案》等。这些制度的规定和落实，为强化项目廉政建设工作提供了强有力的制度保证。

二、廉政教育工作有声有色。

7）对在党风廉政建设工作中涌现出来的优秀党员进行通报嘉奖

关于表彰优秀党员的决定

项目部各部室：

为进一步加强党风廉政建设，充分调动广大党员在施工生产中的主动性、积极性和创造性，经 月 日项目党委研究决定，对在平时工作中表现突出的…、…、…等…位党员给予表彰奖励。受表彰奖励的…位党员，每人奖励1000元。

希望受表彰的优秀党员珍惜荣誉，再接再厉，在今后的工作更上一层楼，为项目的和谐健康发展做出新的更大的贡献。

此决定

年 月 日

向优秀党员颁发荣誉证书

2.2.6 建立档案和各种活动记录归档

资料归档大体分为五大类，即：制度规定、文件汇编、活动记录、廉政档案、劳务资料等。

廉政建设资料盒

廉政建设资料盒

项目管理规定汇编

廉政建设规定汇编

管理人员业绩档案

员工保密档案

廉政建设档案

劳务用工资料

廉政建设相关文件

廉政建设活动记录

廉政建设宣传栏

参加廉政建设经验交流会

省领导到项目部检查廉政建设工作开展情况

省高管局检查项目部廉政建设

成立青年突击队

廉政建设宣传栏

廉政建设宣传栏

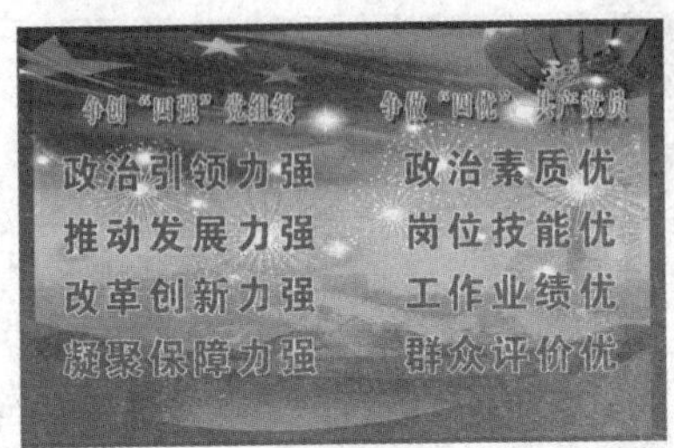

廉政建设宣传栏

廉政建设工作座谈会

廉政建设工作座谈会

党员宣誓

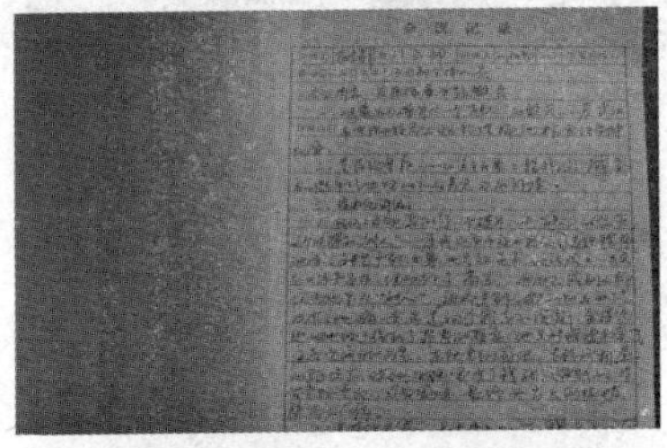

反腐倡廉教育专题会议记录

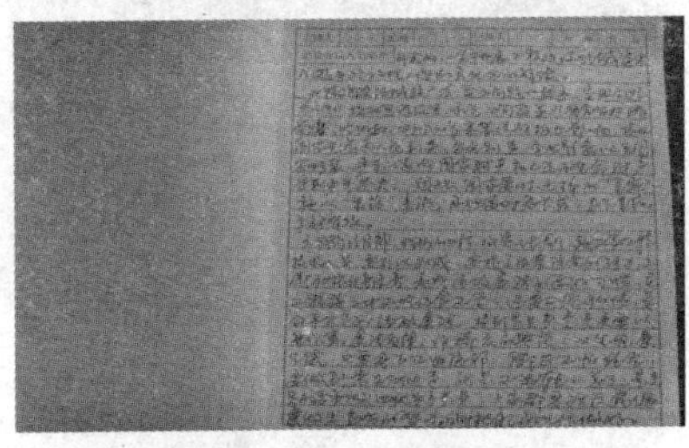

反腐倡廉教育专题会议记录

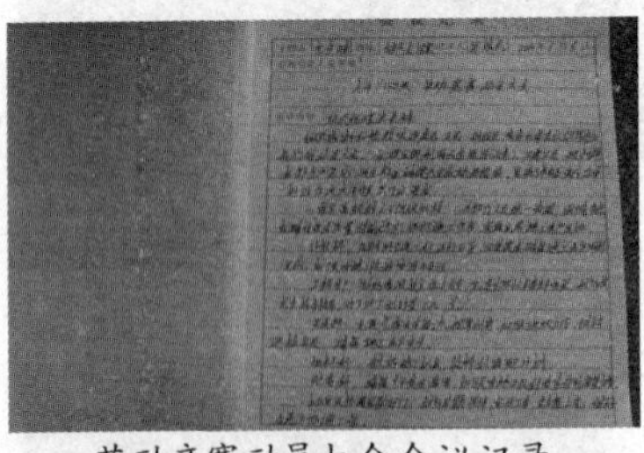

劳动竞赛动员大会会议记录

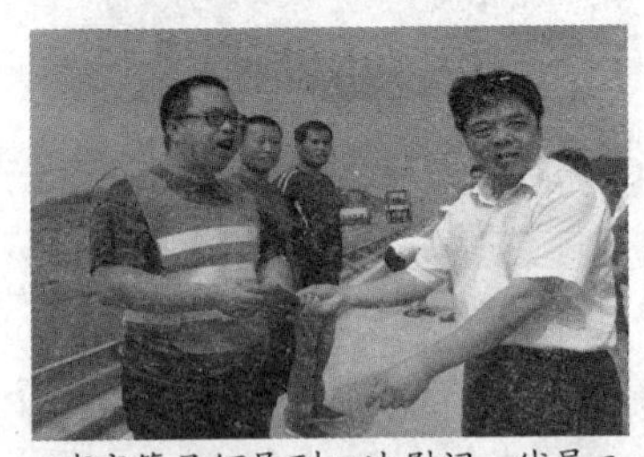

省高管局领导到工地慰问一线员工

项目工会慰问一线员工

劳动竞赛动员大会

劳动竞赛施工场面

劳动竞赛施工场面

劳动竞赛施工场面

项目荣获的各类奖牌

项目荣获的各类奖牌

项目荣获的各类奖牌

2.3 监理处廉政职业文化

——宁道高速公路第一监理处廉政文化建设标准化工作流程

2.3.1 建立健全党风廉政建设责任体系

成立监理处党风廉政建设领导小组，同时下文实施。

2.3.2 建立健全党风廉政建设规章制度

其中包括《党风廉政建设责任制实施办法》、《党风廉政建设制度》、《党风廉政建设责任追究制度》、《 党风廉政建设责任考核制度》、《党风廉政建设监督制度》、《党风廉政建设学习教育制度》、《党风廉政建设审计制度》、《党风廉政建设谈话制度(试行)》、《党风廉政建设责任追究制度》、《工作人员廉政守则(试行)》、《廉政工作的奋斗目标》、《定期走访制度》、《新调进人员廉政学习制度》。

2.3.3　对廉政档案进行分类归档整理

(1) 建立监理处人员廉政档案。

宁道高速公路第一监理处个人廉政档案登记表

姓名		性别		出生年月		
籍贯		民族		政治面貌		
最高学历		参加工作时间				
入党时间		毕业学校及专业				
专业技术职称		现任职务及岗位				
行政职务		身份证号码				
家庭住址				联系电话		
家庭成员及主要社会关系：						
姓名	性别	称呼	出生年月	政治面貌	所在单位及部门	职务
奖惩情况：						

(2) 廉政建设相关文件：业主、监理处、施工单位在开展廉政建设时下发及传达的相关文件。

(3) 廉政建设制度：监理处相关的廉政制度。

(4) 廉政专题教育：监理处进行廉政学习的相关文档及学习记录(包括文字、图片、视频等)。

(5) 廉政建设督查资料：监理处对施工方廉政建设定期督查情况的记录表。

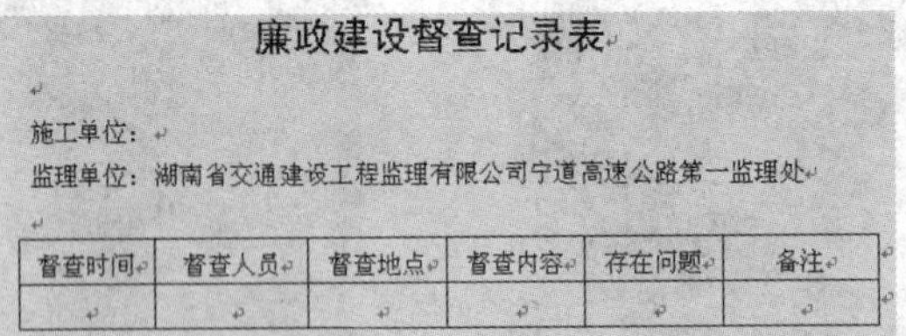

廉政建设督查记录表

施工单位：

监理单位：湖南省交通建设工程监理有限公司宁道高速公路第一监理处

督查时间	督查人员	督查地点	督查内容	存在问题	备注

2.3.4　需要上墙的各类廉政图板

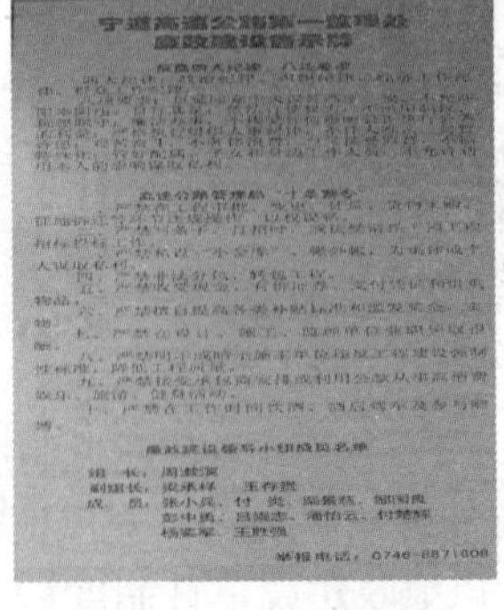

廉政建设告示牌

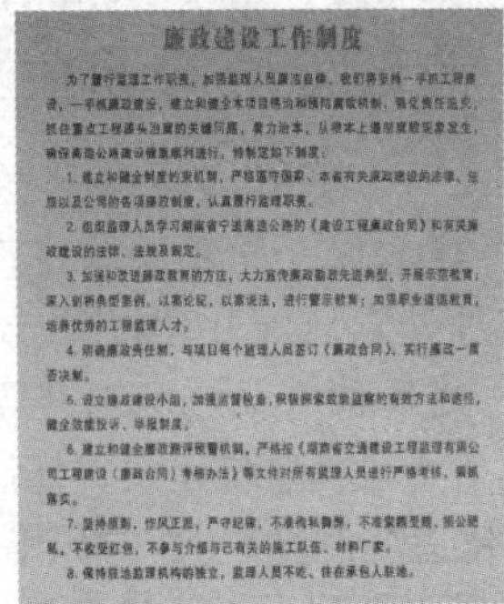

廉政建设工作制度

廉政建设工作制度牌

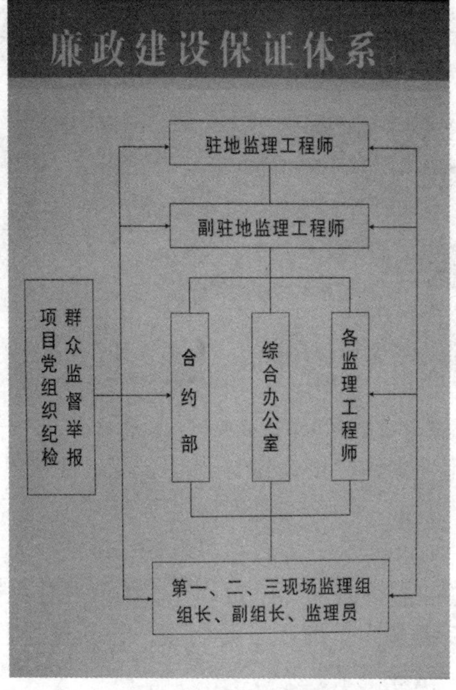

廉政建设保证体系牌

2.3.5　积极开展各项廉政活动

（1）各部门主管分别与所属负责人签订廉政责任书。

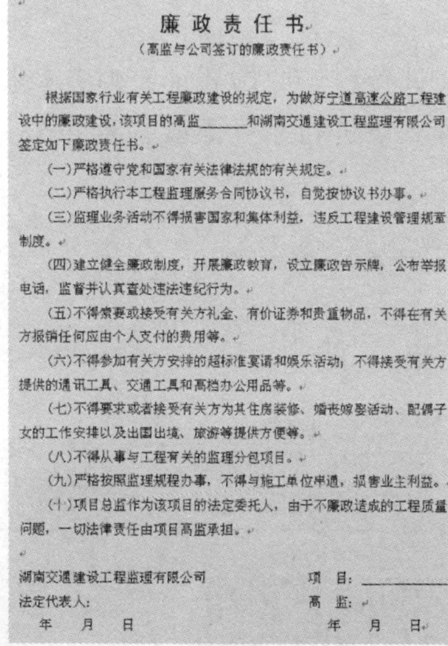

廉政责任书

（高监与公司签订的廉政责任书）

根据国家行业有关工程廉政建设的规定，为做好宁道高速公路工程建设中的廉政建设，该项目的高监______和湖南交通建设工程监理有限公司签定如下廉政责任书。

（一）严格遵守党和国家有关法律法规的有关规定。

（二）严格执行本工程监理服务合同协议书，自觉按协议书办事。

（三）监理业务活动不得损害国家和集体利益，违反工程建设管理规章制度。

（四）建立健全廉政制度，开展廉政教育，设立廉政告示牌，公布举报电话，监督并认真查处违法违纪行为。

（五）不得索要或接受有关方礼金、有价证券和贵重物品，不得在有关方报销任何应由个人支付的费用等。

（六）不得参加有关方安排的超标准宴请和娱乐活动；不得接受有关方提供的通讯工具、交通工具和高档办公用品等。

（七）不得要求或者接受有关方为其住房装修、婚丧嫁娶活动、配偶子女的工作安排以及出国出境、旅游等提供方便等。

（八）不得从事与工程有关的监理分包项目。

（九）严格按照监理规程办事，不得与施工单位串通，损害业主利益。

（十）项目总监作为该项目的法定委托人，由于不廉政造成的工程质量问题，一切法律责任由项目高监承担。

湖南交通建设工程监理有限公司　　　　项　目：__________

法定代表人：　　　　　　　　　　　　高　监：

年　月　日　　　　　　　　　　　　　年　月　日

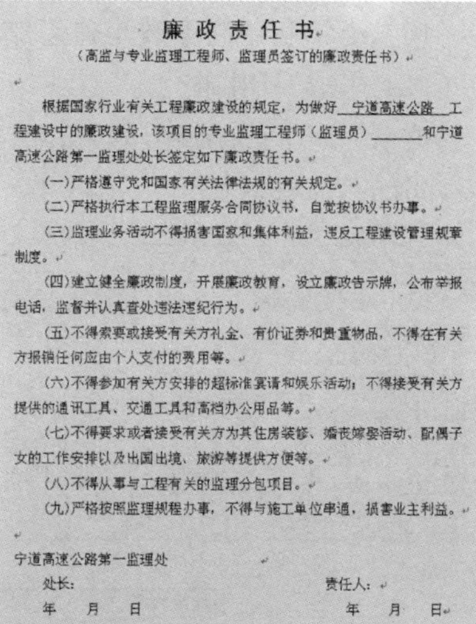

廉政责任书

（高监与专业监理工程师、监理员签订的廉政责任书）

根据国家行业有关工程廉政建设的规定，为做好＿宁道高速公路＿工程建设中的廉政建设，该项目的专业监理工程师（监理员）______和宁道高速公路第一监理处处长签定如下廉政责任书。

（一）严格遵守党和国家有关法律法规的有关规定。

（二）严格执行本工程监理服务合同协议书，自觉按协议书办事。

（三）监理业务活动不得损害国家和集体利益，违反工程建设管理规章制度。

（四）建立健全廉政制度，开展廉政教育，设立廉政告示牌，公布举报电话，监督并认真查处违法违纪行为。

（五）不得索要或接受有关方礼金、有价证券和贵重物品，不得在有关方报销任何应由个人支付的费用等。

（六）不得参加有关方安排的超标准宴请和娱乐活动；不得接受有关方提供的通讯工具、交通工具和高档办公用品等。

（七）不得要求或者接受有关方为其住房装修、婚丧嫁娶活动、配偶子女的工作安排以及出国出境、旅游等提供方便等。

（八）不得从事与工程有关的监理分包项目。

（九）严格按照监理规程办事，不得与施工单位串通，损害业主利益。

宁道高速公路第一监理处

处长：　　　　　　　　　　　　　　　责任人：

年　月　日　　　　　　　　　　　　　年　月　日

（2）党员公开承诺书。

（3）积极开展廉政学习，学习记录归档。

宁道高速公路第一监理处开展廉政学习照片

(4) 认真实施定期走访制度，做好走访记录，主要由副处长和办公室主任负责。

(5) 设立廉政举报箱、公开廉政举报电话。

(6) 定期开箱检查并受理职工举报或反映的问题并做好记录。

(7) 认真执行新调进人员廉政学习制度，让新进场监理人员充分学习监理处各项廉政制度，做好记录。

(8) 聘请社会监督员，同时下文实施。及时记录社会监督员反馈回来的信息，主要由正(副)处长和办公室主任负责联系。

(9) 制订年度党风廉政建设工作计划。

(10) 半年和年终廉政工作总结。

(11) 采取“听汇报”、“看现场”、“查文件资料、原始凭证、财务票据”、“走访群众”、“问卷调查”等工作方法对监理人员进行季度廉政检查考核，考核以评分的方式进行。

宁道高速公路第一监理处监理人员廉政考核评分表

被考核项目：______ 自评分 ______ 考评分 ____ 考核组负责人(签名) ________ ___年 ___月 ___日

考核项目	考核内容	考核办法	评分标准	标准分	扣分	扣分原因	自检得分	监理处检查得分
1	监理处(高驻办)党风廉政建设领导机构和办事机构健全	听、查	未明确领导和办事机构分别扣1分	2				
2	结合实际制定廉政建设工作计划和贯彻落实《廉政合同》的具体措施	听、查	无工作计划扣2分，无具体措施扣3分	5				
3	廉政建设责任制落实，任务明确	听、查、问	未建立责任制扣1分，未明确职责任务扣1分	2				
4	经常开展廉政建设的宣传教育，及时传达、学习有关法律、政策和有关文件、会议精神	听、查	未开展宣传教育扣1分，未组织学习和无记录扣1分	2				
5	建立廉政建设监督机制，及时开展自查自纠活动	听、查	未建监督机制扣1分，未开展自查自纠的扣4分	5				
6	与承包人的业务活动坚持公开、公正、诚信、透明的原则	查、访、问	有其中一项不符要求扣2分	2				
7	设立廉政告示牌，公布举报电话(监理处电话、监理公司电话)	查、访	未公布举报电话扣1分，未告示牌的扣1分	2				
8	无接受、索要和借用施工方及有公务往来单位、个人的钱物(包括现金、有价证券、信用卡、礼品等)或接受其它好处的行为包括报销其它应由监理处或监理队员个人支付等。	查、访、问	有接受、索要行为扣6分，有借用行为扣4分。	14				
9	无参加施工方安排的高消费宴请和娱乐活动或接受施工方提供的通讯交通工具和办公用品和其它物品等。	查、访	违者，全扣	10				
10	无要求或者接受施工方为其住房装修、婚丧嫁娶活动、配偶、子女及其他直系亲属的工作安排以及出国出境、旅游等提供方便的现象	查、访、问	违者，全扣	4				
11	无正当理由向施工方推荐分包单位或要求施工方购买合同规定外的材料和设备的行为	查、访	违者，全扣	4				
12	无串通作弊，损害国家和集体利益的行为或更改工程计量，虚报计量的现象。	查、访	违者，全扣	14				
13	无违反工程建设管理规章制度的行为	查、访	违者、全扣	4				
14	不隐瞒工程质量问题	查、访	违者，全扣	5				
15	无重大安全责任事故	查、访	违者，全扣	10				
16	严格控制工程质量、工期和费用，确保数据的真实、完整	查、访	违者，全扣	5				
17	严把工程技术等级关，防止偷工减料、粗制滥造的劣质工程的措施和落实情况	查、访	违者，全扣	10				

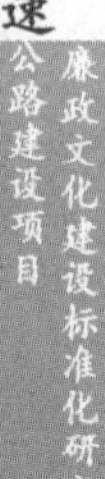

2.3.6 廉政风险管理

监理处推行廉政风险管理，必须把握廉政风险管理工作的重点。首先结合工作实际全面查找风险点，根据风险类型确定评定风险等级的标准以及根据廉政风险的级别制订防控措施，对于一级廉政风险，必须设置预警机制，制订防范措施和风险发生后的处置方案；对于二级廉政风险，必须设置预警和防范措施，降低风险发生的概率；对于三级风险，应当保持信息采集渠道的畅通，对风险的演变情况进行及时的分析判断。要结合各个岗位和业务工作相关的各项法规制度，制作廉政风险评估预警表，明确各个岗位识别、评估、预警和处置廉政风险的责任。

宁道高速公路第一监理处监理人员岗位廉政风险评估预警表

（正、副高监）

姓名		职务	正（副）高监	风险等级	一级
主要职权					
廉政风险点					
防范措施					
发生风险后处置方案					

宁道高速公路第一监理处监理人员岗位廉政风险评估预警表

（专业监理工程师）

姓名		职务	专监	风险等级	二级
主要职权					
廉政风险点					
防范措施					

宁道高速公路第一监理处监理人员岗位廉政风险评估预警表

（监理员）

姓名		职务	监理员	风险等级	三级
主要职权					
廉政风险点					
防范措施					

3 廉政制度文化建设实例

廉政制度文化建设，选取了三个实例：

(1) 交通运输部公路建设管理制度。

(2) 湖南省交通建设管理制度。

(3) 湖南省高速公路管理局规范权力运行制度。

(4) 湖南省高速公路建设项目廉政风险防控制度。

3.1 交通运输部公路建设管理制度

公路建设管理法规文件汇编

(2009年版)

交通运输部公路局

人民交通出版社 China Communications Press

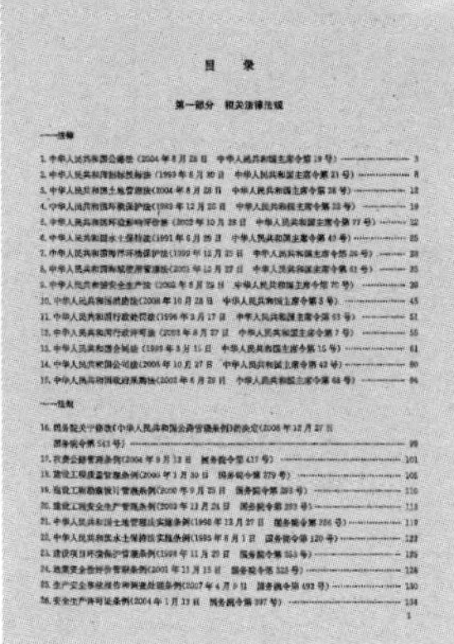

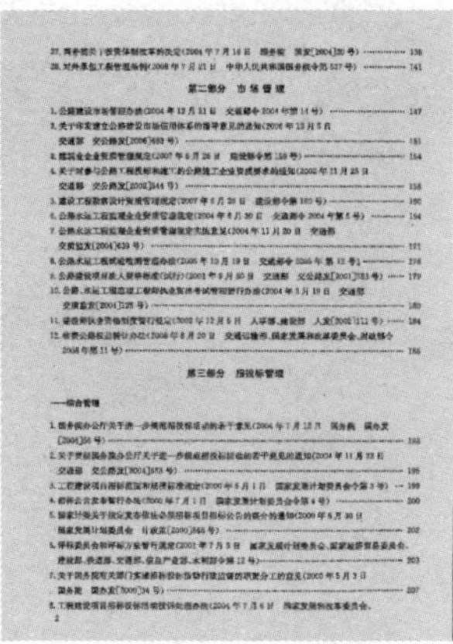

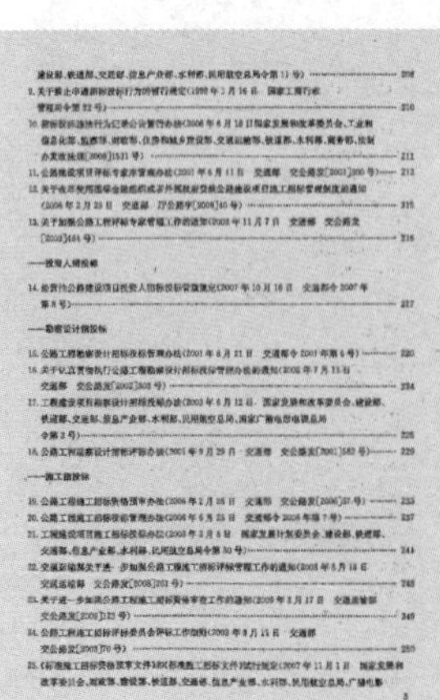

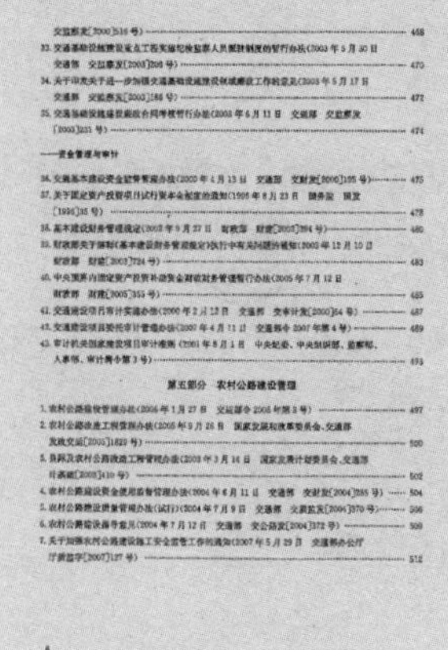

4

交通运输部文件

交监察发〔2009〕584号

关于在全国交通运输系统推广应用交通基础设施建设项目廉政风险防控手册（试行）的通知

各省、自治区、直辖市、新疆生产建设兵团交通运输厅（局、委），天津市市政公路管理局，上海市交通运输和港口管理局，部属各单位，部内各单位，部管有关社团：

为有效防范交通基础设施建设项目廉政风险，进一步加强交通基础设施建设领域廉政工作，交通运输部组织开展了“交通基础设施建设项目廉政风险排查与防控”课题研究，形成了《交通基础设施

—1—

建设项目廉政风险防控手册（试行）》（以下简称《防控手册》）。经研究，部决定在全国交通运输系统推广应用该《防控手册》，现将有关要求通知如下：

一、充分认识推广应用《防控手册》的重要意义

当前，在加快交通基础设施建设过程中，保证工程质量、资金安全、干部廉洁和群众满意，是交通运输行业迫切需要研究和破解的重大现实问题。实践证明，推进制度创新，规范权力运行，加大廉政风险防范工作力度，是加强交通基础设施建设廉政工作的关键。《防控手册》把权力运行程序的公开透明作为研究重点，以交通基础设施建设项目的建设流程为主线，对可能产生的廉政风险点进行了逐一排查，并针对每个廉政风险点提出了相应的防控措施，同时明确了各廉政风险防控的责任主体，充分体现了关口前移、超前防范的监管理念，是便于交通建设单位操作的廉政工作指南。在交通运输系统推广应用《防控手册》，是部党组深入贯彻中央惩治和预防腐败体系《工作规划》的创新之举，是从源头上防范交通基础设施建设领域廉政风险的有效措施，是扎实推进交通工程建设领域突出问题专项治理工作的重要举措，对于更好地防范交通新一轮大建设大发展时期的廉政风险，促进交通运输事业又好又快发展具有十分重要的意义。

二、准确把握《防控手册》的基本内容

《防控手册》分为三个部分。第一部分为“交通基础设施建设项目流程图”，包括“交通基础设施建设项目总流程图”和涉及工程建设前期工作、建设实施及交竣工验收3个阶段共14个方面的17张分项流程图，合计为18张流程图。为明确交通基础设施建设项目中哪些环节是廉政风险高发、易发环节，《防控手册》将风险

—2—

等级划分为三级，用不同颜色分别加以标示。第二部分为与各分项流程图相对应的“廉政风险点及防控措施一览表”。通过“流程—所处环节—所涉对象—廉政风险点—防控措施—责任主体”的对应关系，使防控手册更具有直观性和操作性。在制定防控措施过程中，一方面注重将现有规定细化，另一方面将创新性的措施融入其中，特别是引入了大量的信息技术防控手段，将电子监察等措施最大限度地加以运用。第三部分为“重点制度建设指南”，列出了现行法律、法规以外的防范交通基础设施建设项目廉政风险应当建立健全的有关制度和规定，供参考和借鉴。

三、加强对《防控手册》推广应用工作的组织领导

推广应用《防控手册》，是交通运输系统加强基础设施建设领域廉政工作的一项重要举措。各地交通运输部门要加强领导，精心组织，有计划有步骤地组织开展好《防控手册》的推广应用工作。

一要组织学习，统一认识。理论研究的目的在于指导实践。各单位要认真组织工程建设、设计、施工、监理等单位学习《防控手册》，把组织学习作为开展教育的重要手段和推广应用的基础性、前瞻性和先导性工作，使各级领导干部特别是业务部门和岗位人员充分认识《防控手册》应用的重要意义，切实把握《防控手册》的基本内涵，提高推广应用《防控手册》的自觉性。

二要加强领导，落实责任。各级交通运输主管部门要紧密结合工程建设领域突出问题专项治理工作和“制度落实年”活动，切实加强对《防控手册》推广应用工作的领导。项目建设单位是《防控手册》应用的责任主体，要明确主管领导、牵头部门和任务分工，选取重点工程建设项目安排部署好《防控手册》实施的各阶段工作。

—3—

纪检监察部门要发挥组织协调、督查推进和监督执行的职能作用，确保《防控手册》推广应用工作取得实效。

三要因地制宜，不断完善。交通基础设施建设项目廉政风险点是动态的，防控措施也不是一劳永逸的。各地要紧密联系实际，针对新情况、新特点，不断创新工作思路，创新工作方法，不断丰富和发展《防控手册》，使《防控手册》的应用更具针对性和实效性。

本《防控手册》适用于政府投资或使用国有资金的公路基础设施建设项目，水运建设项目可参考执行。推广和应用《防控手册》过程中如有意见和建议，请及时反馈驻部纪检组、监察局。

特此通知。

附件：交通基础设施建设项目廉政风险防控手册（试行）

二〇〇九年十月二十七日

主题词：推广 廉政风险 防控手册 通知

抄送：中央纪委，监察部，中央治理工程建设领域突出问题工作领导小组办公室。

交通运输部办公厅 2009年10月30日印发

—4—

交通基础设施建设项目廉政风险防控手册

（试行）

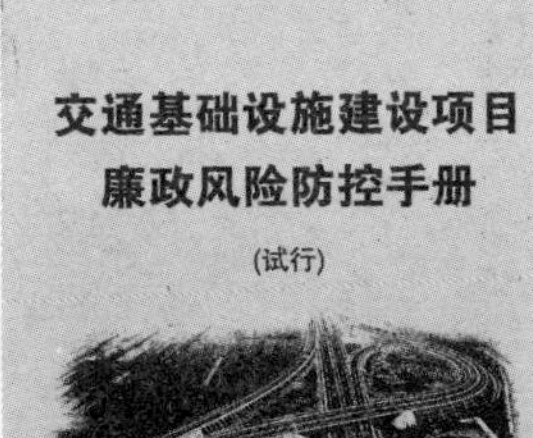

中华人民共和国交通运输部

目录 Contents

—1—

目录 Contents

-2-

3.2 湖南省交通建设管理制度

湖南省交通建设管理制度

湖南省交通运输厅

二〇一二年三月

前　言

交通基础设施建设的质量、安全和廉政多年来一直是社会关注的焦点，为确保实现交通基础设施建设管理规范、工程优质、生产安全、干部优秀的目标，湖南省交通运输厅党组根据上级的工作要求，结合我省交通基础设施建设的实际，坚持改革、着手创新。按照公开透明、简政放权、严格程序、规范管理的工作思路，一年内先后制订推行了《湖南省公路水运工程项目施工招标合理定价评审抽取法实施办法（试行）》、《湖南省交通运输厅重大建设项目审定制度》、《湖南省交通运输厅项目申报制度》、《湖南省交通运输厅建设项目技术服务招标及委托办法（试行）》。该四项制度涵盖了交通基础设施建设全过程各主要环节，是交通基础设施建设管理工作的重大改革和创新，是"阳光交通"建设的重要举措，为打造优质工程、精品工程和促进工程领域的廉政建设奠定了坚实的基础。其中，合理定价评审抽取法实施办法还被省纪委评为2011年创新性工作举措。为在全省交通建设领域不折不扣地推行好这四项制度，现将四项制度及其配套制度和附件汇编成册，印发全省交通运输系统各级管理部门和单位，望认真组织学习，切实有效执行。

湖南省交通运输厅

2012年3月

湖南省交通建设管理制度目录

3.3 湖南省高速公路管理局规范权力运行制度

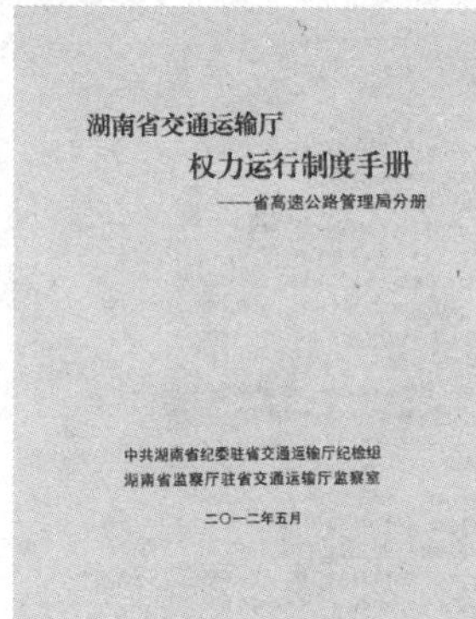

湖南省交通运输厅

权力运行制度手册

——省高速公路管理局分册

中共湖南省纪委驻省交通运输厅纪检组

湖南省监察厅驻省交通运输厅监察室

二〇一二年五月

目　录

湖南省高速公路管理局

规范权力运行内部制度手册

湖南省高速公路管理局

目　录

3.4 湖南高速公路建设项目廉政风险防控制度

前　言

党的十七大报告指出，要把反腐倡廉建设放在更加突出的位置，在坚决惩治腐败的同时，更加注重治本、更加注重预防、更加注重制度建设，着力加强以完善惩治和预防腐败体系为重点的反腐倡廉建设。今年1月，胡锦涛总书记在十七届中央纪委第五次全会上指出，要推进廉政风险防控机制建设，构筑制度防线，形成以积极预防为核心、以强化管理为手段的科学防控机制。推行廉政风险防控工作，是贯彻落实中央精神，坚持“标本兼治、综合治理、惩防并举、注重预防”的方针和“统筹兼顾、整体推进、系统构建”的惩防体系原则，增强预防腐败工作创新性、科学性和可操作性，不断深化党风廉政建设和反腐败工作的一项重要举措。全面推行这一重要措施，符合当前反腐倡廉建设的实际需要，从源头上防治腐败，有利于深入推进党风廉政建设，有利于促进湖南高速公路整体工作上台阶。

2010年初，湖南高速公路已通车里程达到2227公里，在建项目共38个，在建里程达到3493公里。在高速公路事业大发展过程中，如何创新党风廉政建设和反腐败工作，保证工程优质、资金安全、干部廉洁和群众满意，是湖南高速公路行业迫切需要研究和破解的重大课题。实践证明，推进制度机制创新，开展廉政风险防

控工作，有效监督和制约权力运行，是加强高速公路反腐倡廉建设的关键。2010年3月15日，湖南省高速公路管理局党委下发《关于深入开展廉政风险防控工作的实施意见》，在全省高速公路系统深入开展廉政风险防控工作，进一步推进反腐倡廉建设。为此，湖南省高速公路管理局纪委决定编制一个具有针对性、科学性、操作性的工作指南，以更好地指导全系统廉政风险防控工作。

本书在交通运输部《交通基础设施建设项目廉政风险防控手册（试行）》基础上，根据湖南高速公路实际进一步细化和补充，一是增加了综合管理风险点及其防控措施；二是在后期处置方面拿出了具体措施；三是在工作机制方面推行了风险防控员制度，延伸了监管触角；四是建立了配套的监管制度。

本书运用了现代管理科学中的风险管理理论、PDCA质量管理方法以及工业生产过程控制理论，采取“找、防、控”的办法，建立以人为点、以程序为线、以制度为面的廉政风险防控机制。在编写前，湖南省高速公路管理局纪委发动局属各单位根据《交通基础设施建设项目廉政风险防控手册（试行）》，按照“个人找、部门查、单位评、上级审”的程序，认真梳理“管事、管人、管财”等权力运行过程和各个岗位、各个环节的职权，查找存在的廉政风险点，把权力运行程序的公开透明和有效监控作为研究重点，制定防控措施，明确了责任主体。在此期间，选取了湖南省通平高速公路建设开发有限公司为建设项目廉政风险防控试点示范

本书包含四部分内容，第一部分为概述；第二部分析了各个工作流程、各个工作环节存在的风险点及涉及的对象，制定了相应的防控措施，明确了相应的任主体；第三部分为监管制度；第四部分为廉政风险控工作模式，是防控工作标准化的尝试。

廉政风险点是动态的，防控措施也不是一劳永的。《湖南高速公路建设项目廉政风险防控工作指南还处于试行阶段，在应用中，应紧密联系实际，针对情况、新问题、新特点，不断创新，不断丰富和完善使之更具针对性和实效性。

本书编写组
2010年5月

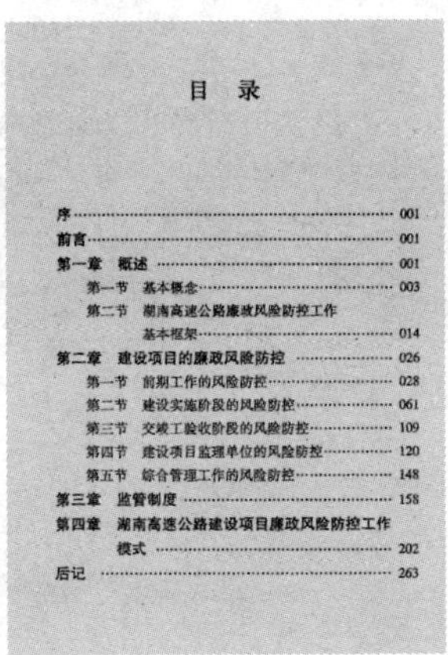

目　录

4 廉政监督文化建设实例

建设项目廉政监督文化建设，选取了如下三个实例：

（1）湖南省通平高速公路建设开发有限公司落实湖南省高速公路管理局廉政风险防控管理的操作实录。

（2）湖南省大浏高速公路建设开发有限公司落实湖南省高速公路建设项目信息公开的操作实录。

（3）湖南省通平高速公路建设开发有限公司痕迹化管理实践。

4.1 通平公司廉政风险防控管理操作实录

廉政风险防控管理是湖南省高速公路廉政制度文化的重要内容。2010年

以来，湖南省通平高速公路建设开发有限公司按照省高管局纪委编著出版的《湖南高速公路建设项目廉政风险防控工作指南》，将廉政风险防控工作贯穿于工程项目建设的始终，收到了良好的成效。

4.1.1　廉政风险防控管理体系

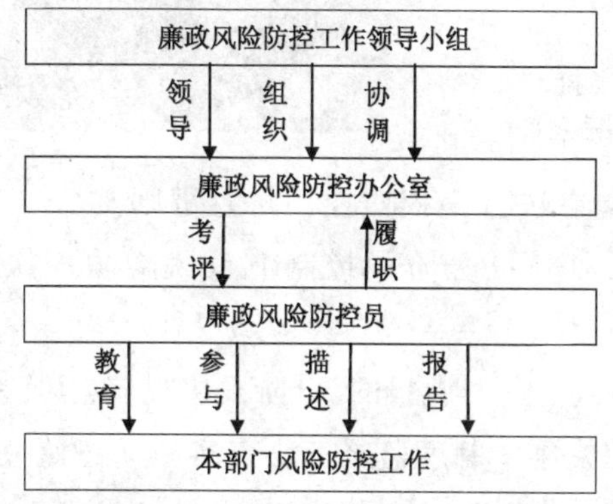

说明：① 廉政风险防控工作领导小组由党政主要领导任正副组长，班子成员为领导小组成员；

② 防控办设在所在单位纪委，由纪委书记兼任防控办主任，各部门主要负责人为防控办成员。

2010年初，通平公司按照省高管局纪委部署开展建设项目廉政风险防控管理试点工作，局监察室主任赵飞跃、副主任胡幼龙到场指导。试点工作为编制《湖南高速公路建设项目廉政风险防控工作指南》奠定了良好基础。

4.1.2　廉政风险防控工作流程

1）领导小组部署工作

通平公司廉政风险防控工作领导小组组织召开工作会议，对防控办成员及各部室风险防控员进行责任分工，细化各阶段风险防控工作周期。

2）防控办对可能发生风险

的部门或个人实行风险预警提示

通平公司防控办成员按照责任分工对监理部风险防控员进行风险预警提示。

3）防控员工作流程

正式进入工作环节后，由防控办成员对各风险点进行全程监控，防控员则按分工和规定的周期对各控制节点进行监控，填写《分阶段控制节点风险防控执行情况表》报单位纪委。

通平公司防控办通过每月上报的《分阶段控制节点风险防控执行情况表》，围绕风险排查、防控措施、制度监督三个点实施动态监控，使监督贯穿于业务工作的全过程，进一步规避、控制了廉政风险的发生。

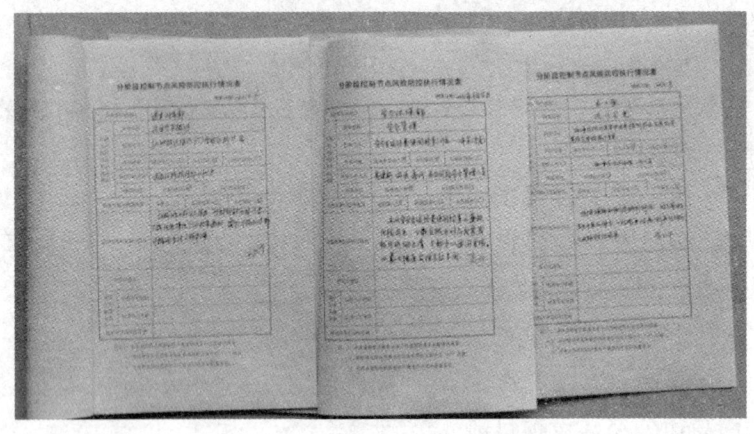

4）单位纪委交防控办审核并进行事中评定，根据防控措施和制度的执行情况，分两路进行

（1）若防控措施和制度执行到位

① 阶段工作结束后，进入下一工作环节。

② 年度工作结束后，防控员对本年度防控工作进行描述，填写“年度廉政风险防控执行情况表”报单位纪委。

单位纪委交防控办审核并进行年度评定后，开展下一个年度的工作。

2010 年 11 月 25 日，通平公司召开了廉政风险防控工作年度总结会，会议肯定了 2010 年廉政风险防控工作所取得的成绩，合约部、工程部、财务部和材料部相关人员被评为通平公司优秀风险防控员。

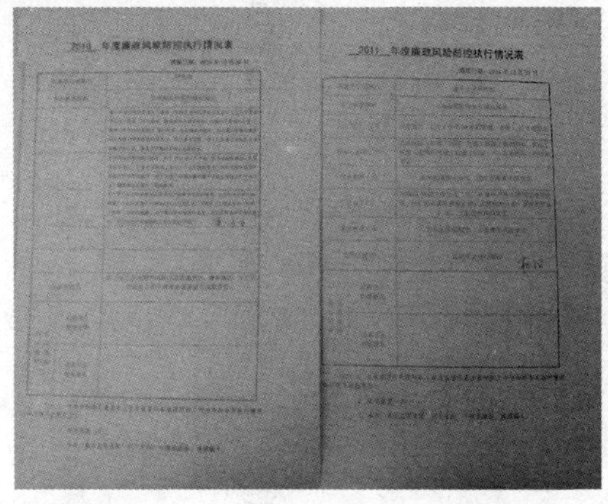

通平公司2010及2011年度“年度廉政风险防控执行情况表”

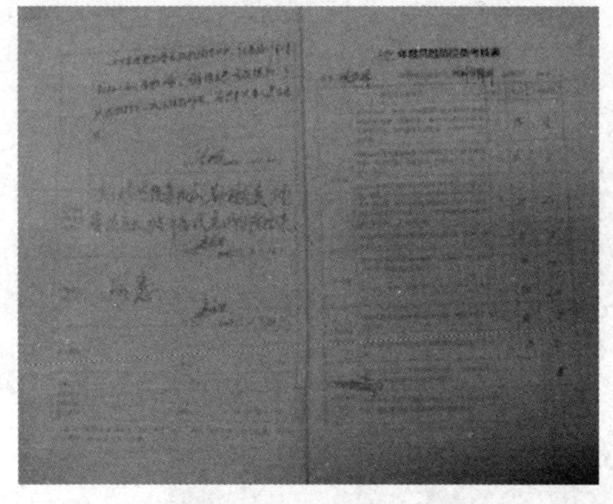

③ 流程工作结束后，防控员对本流程防控工作进行描述，填写“年度廉政风险防控执行情况表”报单位纪委，单位纪委交防控办审核并进行事后评定。

(2) 若防控措施和制度执行不到位

① 对有可能转变为风险的(C级)，防控办提醒所在单位或部门整改。

运行至今，通平公司发现一例有可能转变为风险的，评定为C级。在施工单位自行采购材料控制节点中，材料部风险防控员发现C2标段采购的碎石有些抽检质量不合格的情况，遂上报公司防控办。防控办审核属实后，提醒材料部对检测不合格的该批次碎石进行了清场处理。

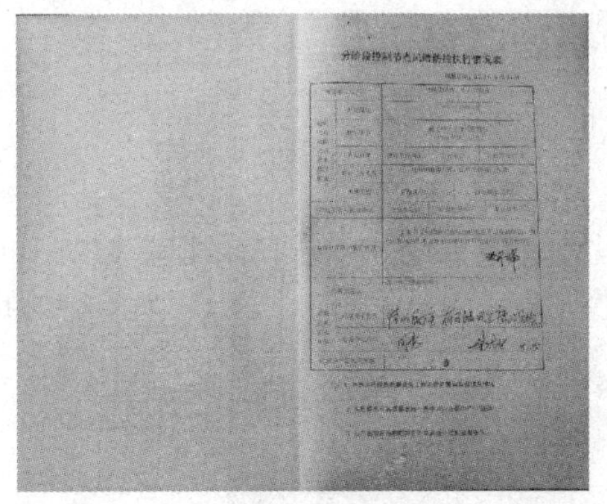

② 对出现苗头的风险(B 级)，防控办提交单位纪委处理。

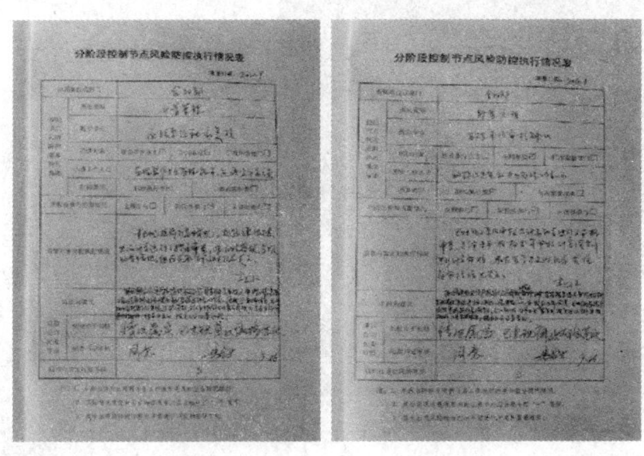

分阶段控制节点风险防控执行情况表

分阶段控制节点风险防控执行情况表

运行至今，通平公司发现两例出现苗头的风险，分别评定为 B 级，均出现在计量管理工作流程里。在监理单位审核确认及现场复核控制节点中，总体来说，各合同单位能按公司审核计量周期进行计量审核，未发生虚报、多报计量，但仍存在签字不及时或拖延审核的情况。据此，公司纪委审核属实后，要求各监理单位在审核过程中发现有必要延迟施工单位计量周期的须报公司合约部，否则视为故意拖延计量周期，合约部将给予口头警告，并报公司总监办给予通报批评，情节严重者提交上级纪委查处。

③ 对已发生的风险(A 级)，防控办提交上级纪委处理。

防控办组织对风险点进行查漏补缺，完善防控措施和制度后，重新进入工作环节。

公司党委副书记、纪委书记、廉政风险防控办主任张龙兴组织各部室风险防控员根据工作实际对廉政风险点、工作流程、防控措施进行自查，及时更新、调整、完善，使之更具针对性和时效性，并长期处于动态监管中。如在现场检查、检测工作中，应进行多点、多部位检查、检测，及时检查试验资料和影像资料，要求相关责任人旁站监督，并对检测结果进行全程跟踪；在拨付征地拆迁补偿资金工作中，加大对县、乡(镇)指挥部款项的抽检频率；在安全专项经费使用检查工作中，固定时间报送等。

此外，通平公司根据《湖南省高速公路廉政监督员管理办法》要求制定了廉政监督员管理办法、考核办法和廉政风险报告处理办法，规范了风险防控员的权利职责和工作方式，切实提高了高速公路建设项目廉政风险防控机制的执行力度。

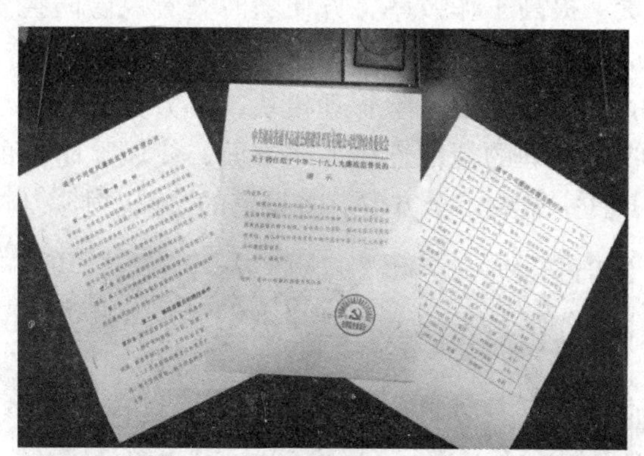

《通平公司党风廉政监督员管理办法》等

4.1.3 廉政风险防控机制创新特色

一是实现了廉政风险防控与专项治理工作的有机结合。从一定层面上说，廉政风险防控和专项治理具有很大程度的相容性、共生性。在反腐败领域，两者具有相同的适用领域、主体、流程和环节，发挥着积极的、不可替代的作用。治理工程建设领域腐败问题是个复杂工程，对此，公司采取综合治理措施，多管齐下，在廉政风险防控试点工作中，积极寻求两者契合点，并通过廉政风险点逐一排查制、廉政风险报备制、分阶段廉政风险描述制和廉政风险报告制四项工作机制将廉政风险防控与专项治理工作进行了有机结合，使两者相辅相成、互相促进。

在专项治理排查过程中，通平公司将排查重点放在工程招投标、资金管理、物资采购、质量安全、工程结算等重点部位和关键环节存在的突出问题上，努力做到“五个查清”。

二是实现了廉政风险防控与信息化平台的有机结合。公司历来注重信息管理，通平高速公路动态监管系统的运行，完善了公司办公系统与网络动态同步管理，为项目建设管理提供了一个实用、准确、高效、快速的信息平台。为了全面履行职责，提高工作效率，方便随时查看风险防控资料，公司防控办特请湖南省广信投资有限公司的专家根据廉政风险防控管理工作的实际，在动态监管系统的基础上加设风险管理模块，一方面，凸显出风险防控管理的层次性和资料收集整理的规范性；另一方面，使风险防控的范围进一步延伸到各监理单位，真正做到了全方位、多渠道的“廉辐射”。

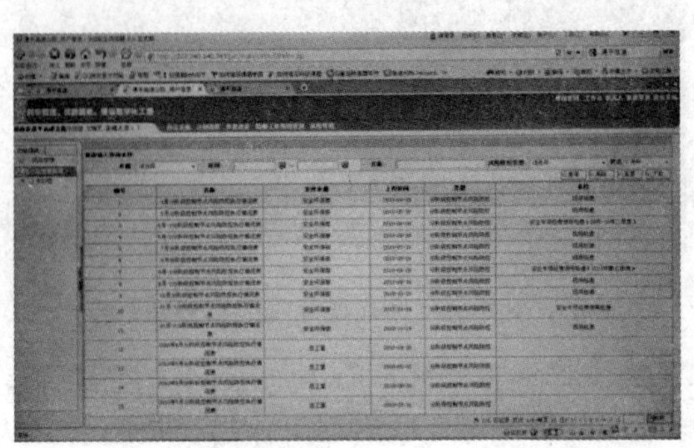

通平公司动态监管系统中的风险管理模块

4.1.4 廉政风险防控工作成效

廉政风险防控工作实施以来，公司严格排查风险点。在试点过程中，共排查出廉政风险点186个，新增23个，提出防控措施290条，新增46条，同时为项目节省工程投资，加快工程进度，作出了较大的贡献。

风险防控工作中，公司还结合实际制定了巡检制度，及时掌握安全生产状况，纠正施工中不规范的行为。截至2011年底，共查处安全隐患141个；制定工程台账控制制度，严格安全生产经费管理，累积有效安全投入已达900万元；通过合约部和跟踪审计小组的联合审查，初步审核确定的涉及单价变更的总金额降低了1 500万元左右，有效地控制了工程造价；严格土地、房屋核算，为公司节约征拆资金1 700余万元；开展风化花岗岩和红砂岩处治课题研究，初步估算可节省工程投资约2 000多万元；已取消的部分地段路堤挡土墙工程，初步估算可节省工程投资约1 600多万元；清淤变更的费用得到了严格控制。

4.2 大浏高速公路项目信息公开

2011年，湖南省高速公路管理局纪委在大围山(湘赣界)至浏阳高速公路项目开展建设项目“十公开”试点工作，由湖南省大浏高速公路建设开发有限公司负责具体实施，取得了建设项目信息公开工作经验，为落实2012年交通运输部《公路水运工程项目信息公开暂行规定》奠定了基础。

4.2.1 工作机制构建

依照《湖南省交通运输厅关于推行高速公路建设项目“十公开”实施方案》，建立大浏高速公路“建设项目信息公开”工作领导机构和办事机构。

1）成立建设项目信息公开领导小组

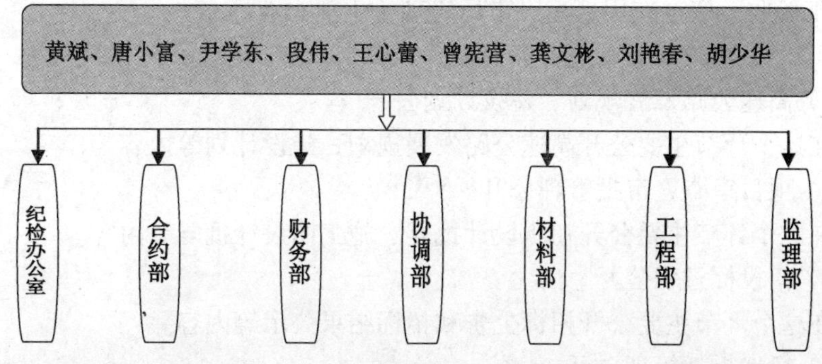

2）成立专门办公室

由业主牵头，业主、指挥部、承包人和监理处分别设立建设项目信息公开办公室。

3）明确责任分工

日常工作由公司纪检办公室负责联络，公司各部室、指挥部、监理处、承包人专职信息公开管理员定期将需要公开的信息交公司纪检办公室。纪检办公室汇总后交项目建设信息公开领导小组审核后再公开发布。

4.2.2　建设项目信息公开的形式和内容

1）项目建设信息公开的形式

公开的形式主要有三种：一是公司网站的“十公开”专栏；二是公司文件、杂志和简报；三是建设工地、项目部设立“阳光工程公示牌”、“工程质量监督牌”等。

大浏公司“十公开”网页专栏

2）建设项目信息公开的内容

公开内容涵盖了高速公路发展规划、建设计划、项目审查、审批管理、招投标过程、征地拆迁管理、施工过程管理、设计变更管理、质量监督、竣(交)工验收、资金使用、建设市场管理等十项内容。

4.2.3　建设项目信息公开的操作流程

1）高速公路发展规划、建设计划公开

在这个环节主要公开高速公路发展规划、建设计划等内容。

2）项目审查、审批管理公开

在这个环节主要公开初步设计批复、施工图设计批复等内容。

3）招投标过程公开

在这个环节主要公开招标公告和招标结果公示等内容。

4）征地拆迁管理公开

在征地拆迁上，实施补偿标准、拆迁数量、资金发放等全方位公开。指挥部把各种政策、法律汇编成册，向群众发放，把政策交给群众，最大限度地维护群众利益。采用共同确认制，由沿线市县建设指挥部、公司、设计院、乡、村、户六方签字，为避免中途截留现象的发生，沿线市、县指挥部以存折形式，把赔、补偿金现场发放到每户村民手中。

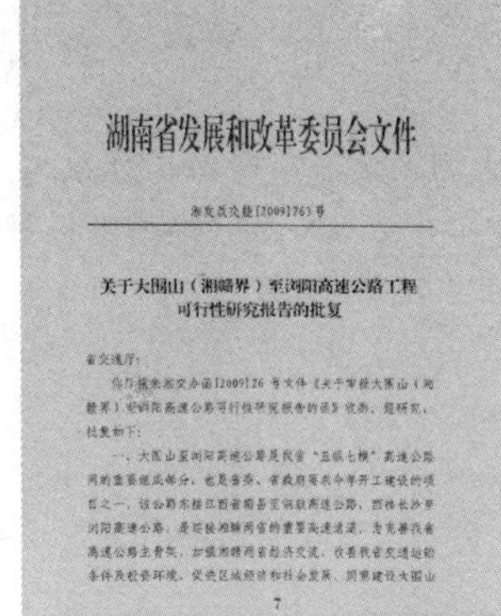

湖南省发展和改革委员会文件

关于大围山（湘赣界）至浏阳高速公路工程可行性研究报告的批复

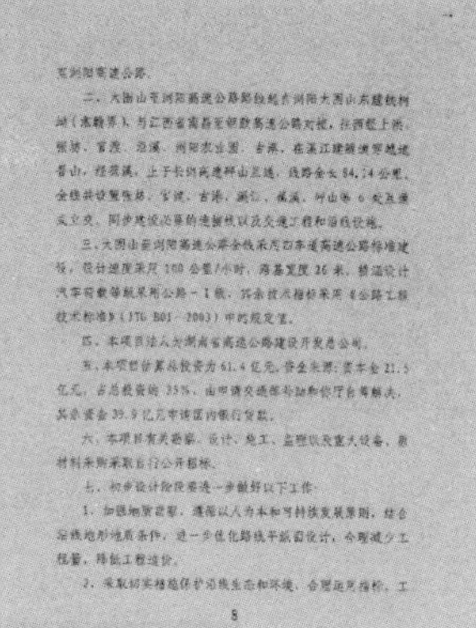

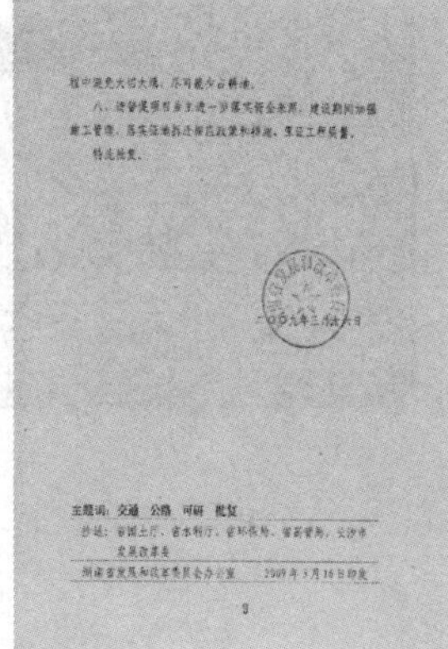

大浏高速公路可行性研究报告批复

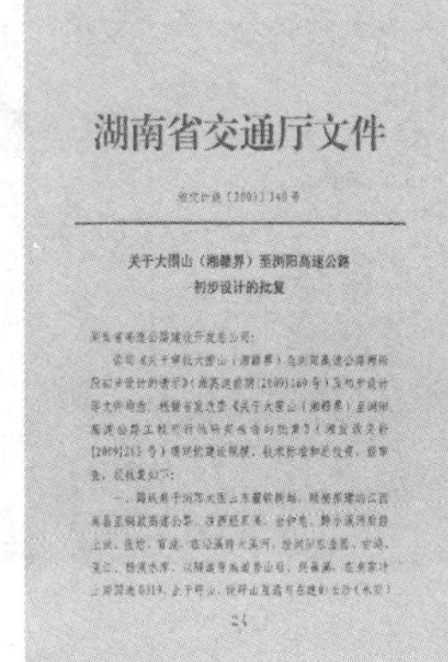

湖南省交通厅文件

关于大围山（湘赣界）至浏阳高速公路初步设计的批复

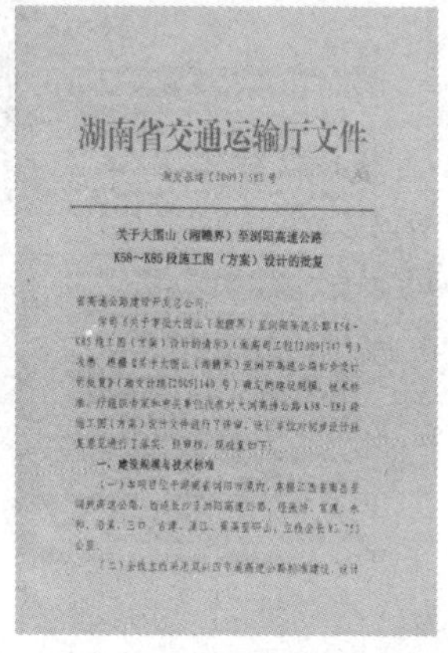

湖南省交通运输厅文件

关于大围山（湘赣界）至浏阳高速公路K58～K85段施工图（方案）设计的批复

大浏高速公路初步设计批复和施工许可批复

湖南省大围山(湘赣界)至浏阳高速公路项目路面工程第24～27标段施工招标公告

大浏高速公路路面工程第24～27标段施工招标公告(《湖南日报》2011年8月23日 第9版)

湖南省通城界至平江高速公路项目路面工程施工招标第13～15合同段中标候选人公示

湖南省大围山（湘赣界）至浏阳高速公路项目路面工程施工招标中标候选人公示

大浏高速公路路面工程施工招标中标候选人公示(《湖南日报》2011年9月29日 第14版)

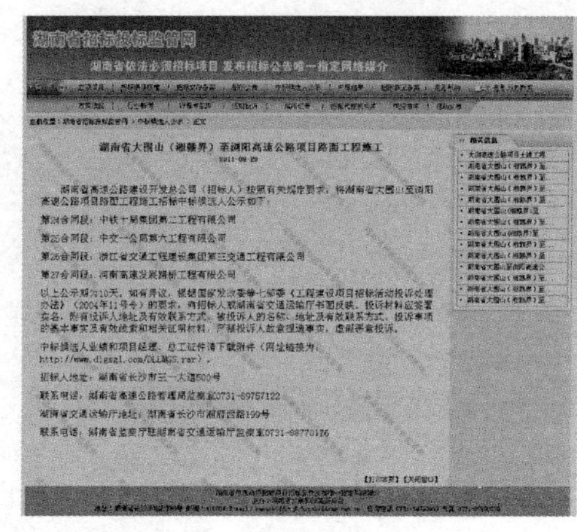

湖南省招标投标监管网

湖南省依法必须招标项目 发布招标公告唯一指定网络媒介

湖南省大围山（湘赣界）至浏阳高速公路项目路面工程施工

2011-09-29

湖南省高速公路建设开发总公司（招标人）按照有关规定要求，将湖南省大围山至浏阳高速公路项目路面工程施工招标中标候选人公示如下：

第24合同段：中铁十局集团第二工程有限公司

第25合同段：中交一公局第六工程有限公司

第26合同段：浙江省交通工程建设集团第三交通工程有限公司

第27合同段：河南高速发展路桥工程有限公司

以上公示期为10天。如有异议，根据国家发改委等七部委《工程建设项目招标投标活动投诉处理办法》（2004年11号令）的要求，向招标人或湖南省交通运输厅书面反映。投诉材料应签署实名，附有投诉人地址及有效联系方式、被投诉人的名称、地址及有效联系方式、投诉事项的基本事实及有效线索和相关证明材料，严禁投诉人故意捏造事实，虚假恶意投诉。

中标候选人业绩和项目经理、总工证件请下载附件（网址链接为：http://www.dlgsgl.com/DLLMGS.rar）。

招标人地址：湖南省长沙市三一大道500号

联系电话：湖南省高速公路管理局监察室0731-89757122

湖南省交通运输厅地址：湖南省长沙市湘府西路199号

联系电话：湖南省监察厅驻湖南省交通运输厅监察室0731-88770176

路面工程施工招标中标候选人公示(湖南省招标投标监管网 http://www.bidding.hunan.gov.cn/item/itemCandidateDetail.aspx? ID＝21911)

浏阳市人民政府文件

浏政发〔2008〕12号

浏阳市人民政府
关于印发《浏阳市征地补偿安置实施办法》的通知

各乡、镇人民政府，街道办事处，市直各单位：

《长沙市征地补偿安置条例》和《长沙市征地补偿实施办法》已颁布实施。根据该《条例》和《办法》规定，我市制定的《浏阳市征地补偿安置实施办法》已于2008年10月7日经长沙市人民政府批准（长政函〔2008〕121号），现印发给你们，请认真遵照执行。

二〇〇八年十月九日

—1—

协调指挥部“十公开”专栏

5）建设资金管理公开

在建设资金管理上，严格计量支付程序，按照国家有关规定管理和使用建设资金，建设资金做到专款专用，按照工程进度，及时拨付。完善财务支出审批程序，实行分工负责，层层把关。高管局负责资金的筹集拨付，公司负责工程款的支付结算。公司还与银行签订了资金监管协议，由银行向公司提供施工单位每周用款及资金流向报告，对施工单位的工程资金使用情况进行全过程监督，做到了资金专款专用，杜绝了拖欠农民工工资事件的发生。建立了工程项目跟踪审计制度，确保资金专款专用，合法使用。

大浏项目付款申请表

6）设计变更管理公开

在设计变更管理上，制定下发了《大浏公司工程设计变更管理实施细则》，对变更的分类、管理权限、变更程序、奖惩等进行了明确具体的要求，规定重大设计变更由高管局审查后上报省交通厅审查，由省交通厅上报原初步设计审批部门审批；较大设计变更由高管局审查后上报省交通厅审批。保证了工程变更的合理性、严谨性，使工程变更合理，工程投资得到有效控制。

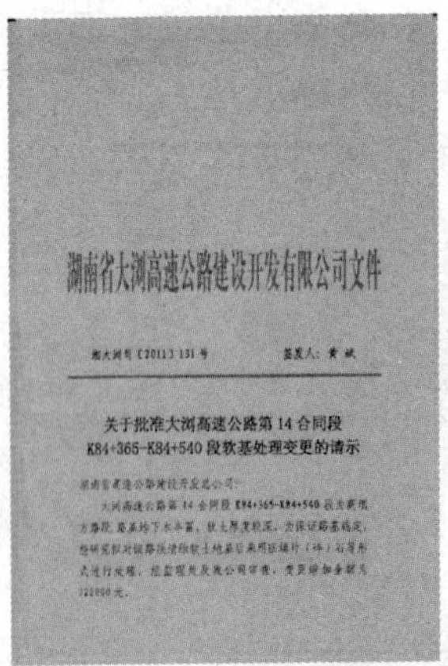

湖南省大浏高速公路建设开发有限公司文件

湘大浏司〔2011〕131号　　　签发人：黄斌

关于批准大浏高速公路第14合同段K84+365-K84+540段软基处理变更的请示

主题词：第14合同段　变更　请示

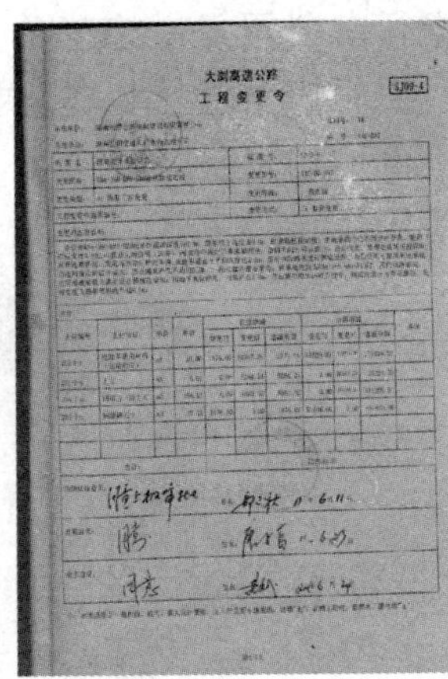

大浏高速公路

工程变更令

大浏项目设计变更请示

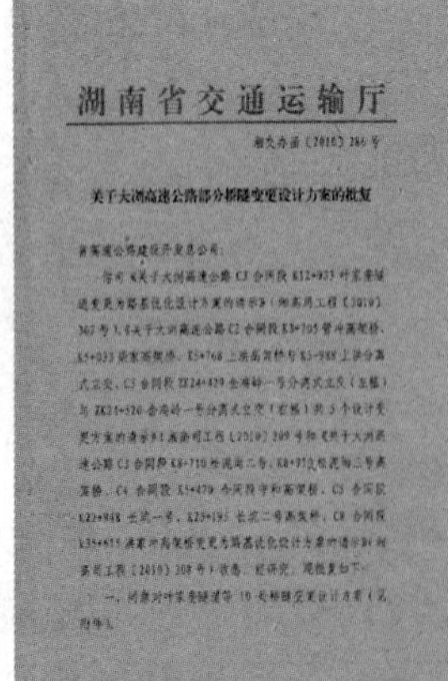

湖南省交通运输厅

关于大浏高速公路部分桥隧变更设计方案的批复

附件：大浏高速公路部分桥隧变更设计方案批复一览表

抄送：大浏高速公路建设开发有限公司。

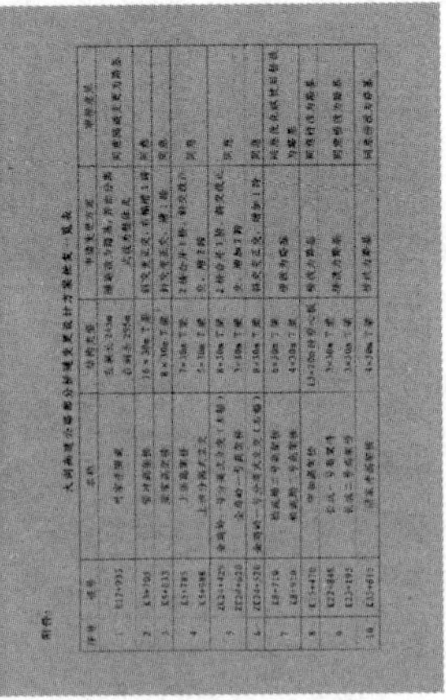

大浏高速公路设计变更批复

7）施工过程管理公开

在这个环节主要公开监理处、承包人的岗位职责、季度考核通报等内容。

湖南省大浏高速公路建设开发有限公司
湖南省大浏高速公路总监办公室 文件

湘大浏司监〔2010〕46号

关于大浏高速公路2010年度第一、二季度目标考核检查评比结果的通报

各监理处、承包人：

按照《湖南省大浏高速公路监理目标管理考核办法》及《湖南省大浏高速公路土建工程目标责任考核办法》的规定，大浏公司、总监办于2010年7月20日至21日对各监理处、承包人进行了2010年度第一、二季度目标考核检查，现将考核情况通报如下：

各监理处自进场以来，积极开展各项工作，认真落实精细化施工管理的要求，督促承包人认真组织生产、狠抓现场文明施工，均较好的履行监理职责，其中第一监理处在本次考核中评为A级，第二监理处、第四监理处评为B级。

大多数承包人自进场以来，克服了时间紧、任务重、材料供应紧张以及不良天气影响等不利条件，积极主动开展工作，有效地推进了工程建设，因各标段均未能全面完成形象进度目标，本

大浏高速公路项目季度考核情况通报

大浏高速公路 YB19

监理工作总结

监理单位：……工程咨询有限公司 合同号：J1 截止日期：2011年3月20日

本月主要进行了土石方的开挖、防护工程、通涵、梁板预制、桥梁挖孔桩、桥梁下部构造、隧道洞身开挖初期支护及二次衬砌的监理。监理处严格按合同文件、技术规范、设计图纸和业主精细化施工管理要求，加强了对工程质量、安全、费用、进度、环保等环节监理工作，通过巡视、旁站、工序检查、试验检测、测量以及下达工作指令等方法，保证五大控制目标的实现。具体工作开展如下：

1、2月26日，对第二合同段K6+275涵洞台背回填前的情况进行调查，由于该涵洞基坑两侧有部分为石方，则进行台背回填时，没必要将石方挖除再回填透水性材料，只需在已挖好的基坑两侧全部回填透水性材料即可。

2、2月28日，监理处下发第36号监理指令，由于第二合同段BK0+321-472.5的浆砌片石挡墙存在镶面石为修凿、色泽不均匀、平整度较差，部分沉降缝不在同一平面上等问题，要求第二合同段对该段挡墙进行返工处理，当天第二合同段即对该段挡墙进行了返工处理，经专业监理工程师验收合格。

3、3月2日，第四合同段K14+200-280段软基处理清淤回填碎石土后高程测量，工作站余华、审计组王利华、监理处罗学银、余汝松、杜克金、吴岩松、第四合同段梁桃芳、郭亮参加收方，由于碎石土未压实，故现场收方资料未进行草签。

4、3月2日至6日，审核1、2、4合同段2月份计量资料，其中第1合同段本期计量金额4676527元，扣保留金374122元，扣动员预付款935306元，实际

大浏高速公路监理工作总结

8）质量监督检查公开

在这个环节主要公开各级质监部门检查结果。

湖南省交通建设质量安全监督管理局文件

湘质安路〔2011〕178号

关于印发《大浏高速公路质量安全综合检查意见》的通知

大浏高速公路建设开发有限公司、总监办：

为全面掌握大浏高速公路项目建设的质量安全状况，进一步规范各参建单位的质量安全管理行为，促进工程整体质量安全水平的提高，根据《关于组织开展部分在建高速公路项目质量安全综合检查的通知》（湘质安函〔2011〕1号）的要求，2011年7月19日至21日，我局第四监督组主要监督人员会同路基、桥梁、隧道、试验检测等方面的专家，通过采取现场查看、查阅资料等方式，对大浏高速公路建设项目工程质量与施工安全进行了综合检查，并委托湖南中大建设工程检测技术有限公司对该实体工程质量进行了抽检。现将检查意见印发给你们，请

省质监局对大浏高速质量安全综合检查意见

湖南省大浏高速公路总监办公室文件

湘大浏监〔2011〕104号

关于2011年8月隧道工程专项质量检查情况的通报

第1、2、4监理处，第1、4、5、7、8、12、13合同段承包人：

为进一步规范隧道工程施工质量安全管理行为，2011年8月上旬，公司、总监办安排监理部、工程部联合中心实验室对全线隧道工程进行了全面的专项质量检查，现将检查发现的问题通报如下：

一、初期支护检测

1. 初期支护的锚杆数量比设计数量少，如5标长坑隧道。

2. 锚杆饱满度不满足要求，如C1金钟皂隧道、C12道吾山隧道。

3. 初喷砼背后脱空或者不密实，如12标道吾山隧道。

4. 工字钢（格栅拱架）间距超标，如C1金钟皂隧道、C5长坑隧道、C12道吾山隧道。

二、二次衬砌检测

1. 二衬钢筋纵向连接筋数量不满足设计要求、间距不均匀，如1标金钟皂隧道、C5长坑隧道、C12道吾山隧道。

2. 二次衬砌内部及背后脱空，如C1金钟皂隧道、C12道吾山隧道。

-1-

大浏高速隧道专项检查通报

9）建设市场管理公开

大浏高速公路土建施工单位信息一览表

合同段	单位名称	公路资质等级	资质证书编号	企业原名称	资信登记编号	起止桩号	路线长度（m）	车道数
C1	江西省宜春公路建设集团有限公司	公路工程施工总承包壹级公路路基工程专业承包壹级公路路面工程专业承包壹级桥梁工程专业承包壹级	A1024036090201	江西省宜春公路桥梁工程有限责任公司	JX1G4Z1M1J1Q1000000749	K0 +000 ~K3 +350	3 350	双向4 车道
……								
C14	湖南湘潭公路桥梁建设有限责任公司	公路工程施工总承包壹级公路路基工程专业承包壹级桥梁工程专业承包壹级隧道工程专业承包壹级公路交通工程专业承包交通安全设施	A1024043030401		HX1G4Z100J1Q1S1J100367	K76 +700 ~K85 +545. 437	8 845	双向4 车道

注：公路工程施工一级以上资质企业名录由中国公路建设行业协会实行动态管理，实时更新。详见交通运输部 http：//www. moc. gov. cn/ 政务公告栏。

10）竣（交）工验收公开

交工验收公开的内容主要为：项目名称、项目法人、建设规模、各参建单位名称、交工验收时间、组织单位、参加单位，工程质量等级、项目综合评价及各参建单位的综合评价情况、交付使用时间、验收结果。

竣工验收公开的内容主要为：项目名称、建设规模、项目法人、各参建单位名称、交工验收时间、组织单位、参加单位，项目审计、工程决算、档案验收等情况，工程质量等级、项目综合评价及各参建单位的综合评价情况、交付使用时间、验收结果等。

4.3　建设项目痕迹化管理实践

痕迹化管理，是在各种管理工作过程中，从时间和管理内容方面，不留间隙或空白、死角的缜密的工作记录。痕迹化管理最大的优点就是通过查证保留下来的文字、图片、实物、电子档案等资料，可以有效复原已经发生了的管理活动，让所有的管理活动都留下印迹，可供日后查证。湖南省高速公路建设项目推行痕迹化管理，使各类工作考核能够有章可循、有据可依、有迹可查，取得了一定的成效。

4.3.1　痕迹化管理的范围及操作程序

1）项目公司大事记

对于项目公司每天所发生的大事件，由办公室负责收集，各监理处、承包人每天所发生的大事件，每天上报一次给公司办公室（没有的则不报），办公室指定专人收集整理，每年将其汇编成册。

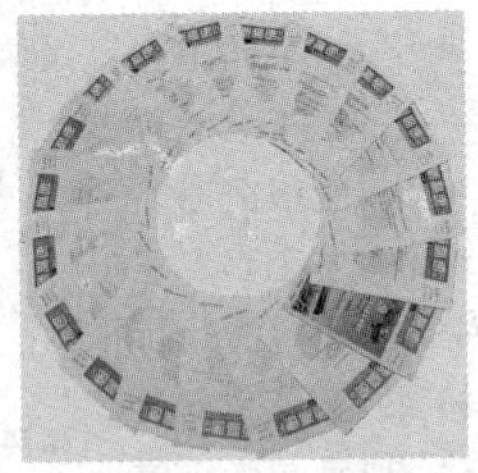

2）建设项目施工影像资料

在工程建设中，重点部位、隐蔽工程的每道工序完成后，下道工序前都要有影像、文字资料留存。在其余各项工程中，各标段要在同类型的分项工程中选择有代表性的工程，进行主要施工工序的照片记录，并采集能反映本标段该时期形象进度宣传的照片20张，以利于编写标准化施工图集。以上影像资料由各施工单位每月上报一次给质检部门，质检部门审核后将有价值的资料交项目公司办公室保存。公司各部室所做的书刊、汇报材料等资料，除自己部门留存外也要交办公室存档。

部分路段的工程进度图

拆迁户成片建房点

3）建设项目监理日志

各监理处的监理人员将每天的监理情况记录下来后，要将监理日志留存监理处，项目公司监理部将随时对其进行检查。

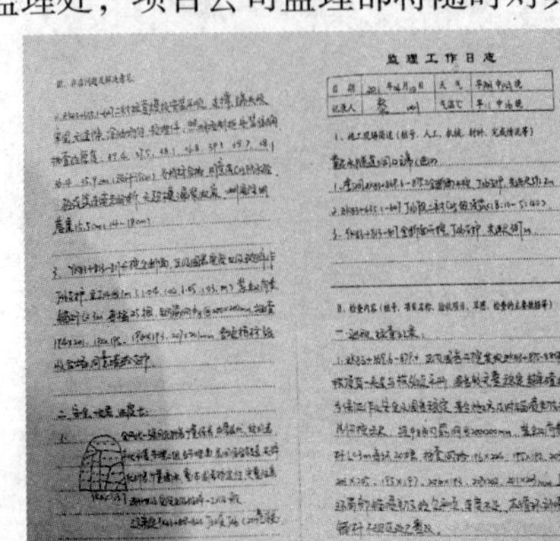

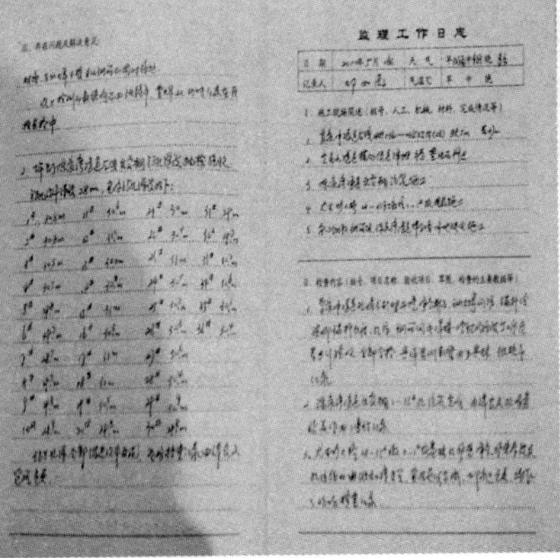

4）建设项目安全日志

各承包人的安全员及监理处的安全专监每天对检查的安全情况记录下来，并将安全日志留存各单位，项目公司安全环保部将随时对其进行检查。

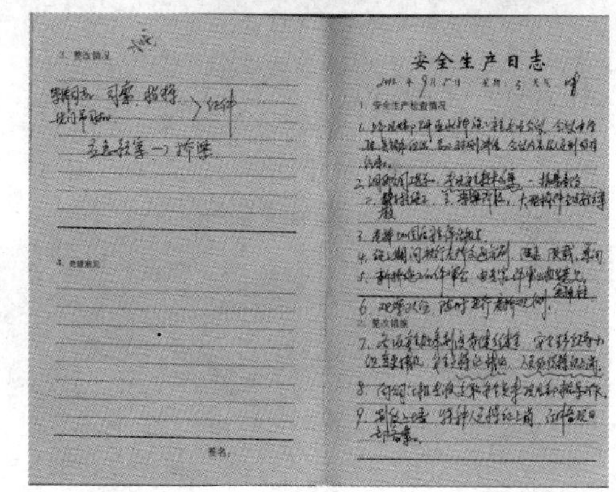

安全生产日志

5）建设项目施工日志

各承包人的施工员每天将工地上的施工情况记录下来，并将施工日志留存项目部，项目公司工程部将随时对其进行检查。

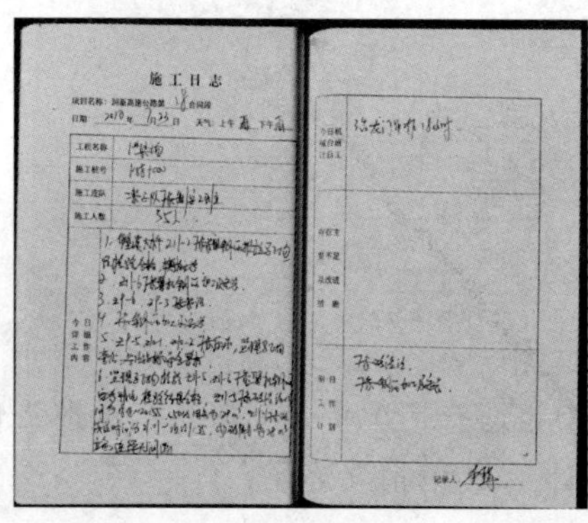

施工日志

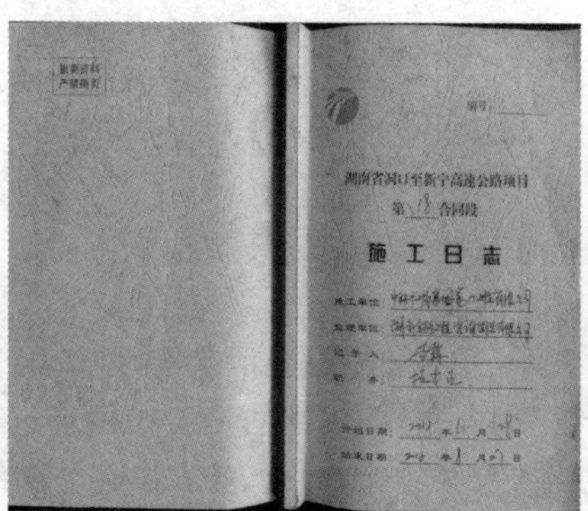

湖南省洞口至新宁高速公路项目

第　合同段

施工日志

施工单位：

监理单位：

记录人：

职务：

开始日期：　年　月　日

结束日期：　年　月　日

6）建设项目工作日志

项目公司所有员工、各监理处正副处长及各承包人项目部班子成员（包括总工）要将自己每天所做的工作及处理结果记录下来。公司员工每月月底将工作日志交至分管领导审核，由办公室统一留存；各监理处、承包人每月月底将工作日志交至分管工作站审核，再由各单位各自留存。

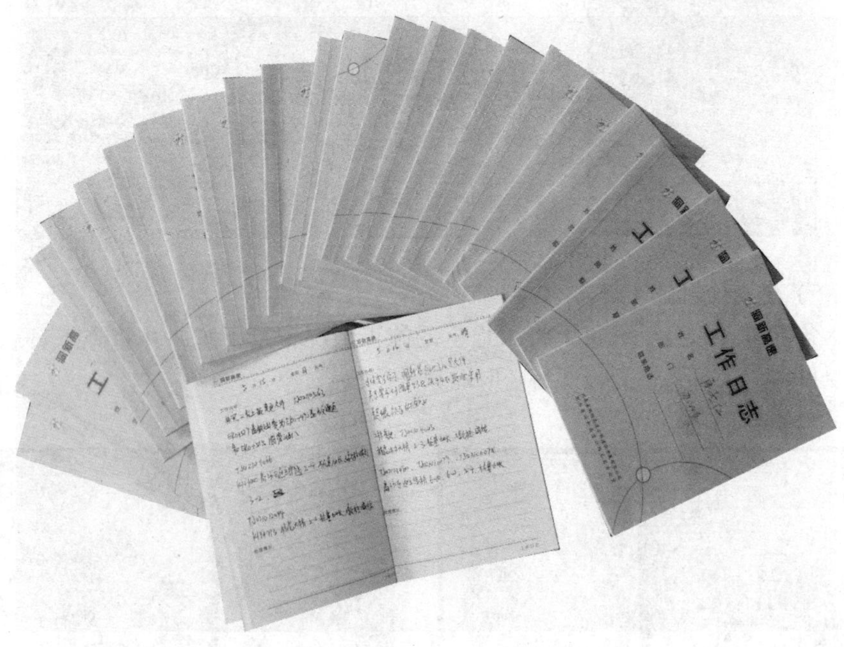

7）建设项目巡查记录本

项目公司下工地的员工在检查过程中将巡查情况记录下来，当天巡查情况当天反馈给工作站，各工作站也要将他们反馈的情况留存。

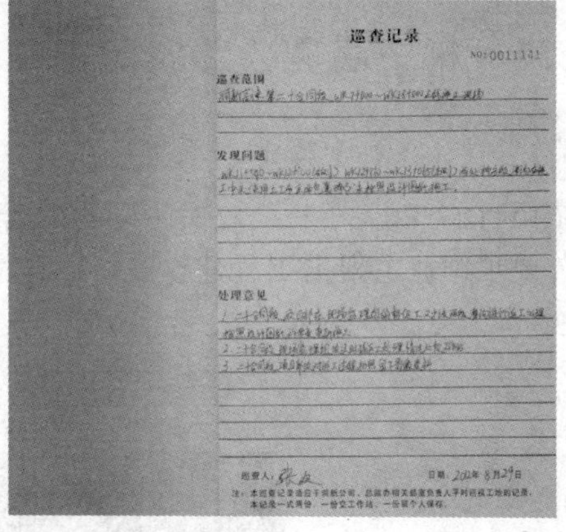

8）建设项目会议记录本

各部室、监理处、承包人要将每次召开的会议内容进行记录，各自留存。

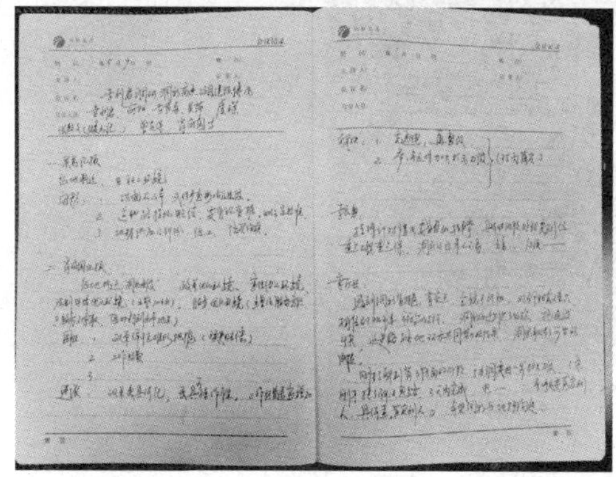

4.3.2　痕迹化管理的相关要求

（1）痕迹化管理要做到记录规范，条理清楚，要分门别类，利于管理和查找。

（2）痕迹化管理要体现在各项工作中。

（3）痕迹化管理要纳入到目标考核中。

（4）痕迹化管理要做好相关总结工作。

5　廉政服务文化建设实例

建设项目廉政服务文化建设选取了如下两个实例：

（1）湖南省郴宁高速公路建设开发有限公司服务农民工的做法。

（2）高速公路农民工管理系统。

5.1 郴宁高速公路农民工规范化管理

5.1.1 体系机制构建

依照《国务院关于解决农民工问题的若干意见》及相关法律法规、上级部门文件要求，业主根据工程建设实际，建立系统、规范的高速公路农民工实施办法。

（1）建立完整全面的农民工管理机制，出台农民工管理办法，建立农民工管理机构，确保农民工管理的科学、规范。

释例：根据其他高速公路农民工管理方面的经验教训，及郴宁高速公路建设前期农民工管理过程中出现的问题、探索的经验和深入的思索，郴宁公司先后出台了《郴宁高速公路农民工管理办法(试行)》及其正式办法，要求在全线各单位认真执行该办法，正式在全线建立农民工管理一整套机制体制。

（2）由业主牵头，业主、承包人和监理处均成立农民工管理领导小组及其办公室，相关部门参加，齐抓共管。

（3）各单位明确分工负责人和专职管理员。各承包人施工班组必须明确兼职管理员，原则上由班组负责人兼任，补助由承包人负责。建立完备的人员职责制度。

（4）建立完整的农民工管理规范体系。包括人员管理、生产管理、安全管理、工资管理等各个方面。

5.1.2　人员进场管理

建立完整的人员管理档案，严格人员管理办法，确保人员应管尽管。

（1）建立农民工准入制度，承包人对进场农民工进行严格审核，办理相关手续。

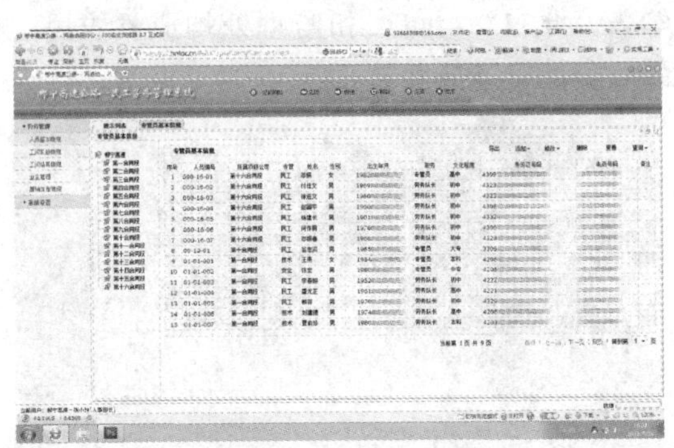

(2) 建立农民工信息采集制度，由承包人的农民工专兼职管理员负责，采集所有进场农民工的姓名、性别、年龄、工程、家庭住址等基本信息，逐级上报，由业主开发农民工管理软件，进行信息化处理和适时动态管理。

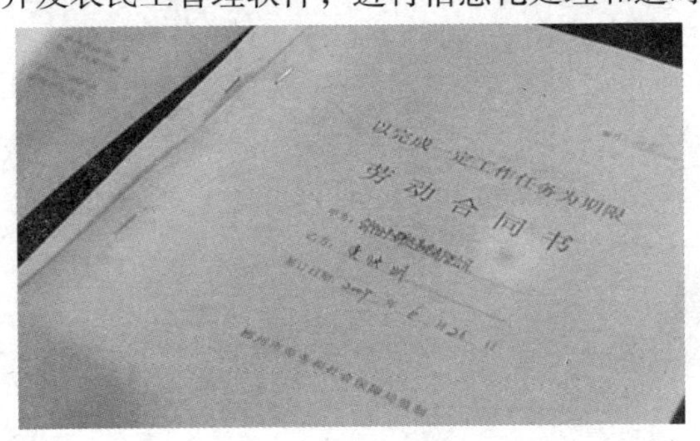

(3) 签订合同。按照劳动管理法律法规和高速公路项目管理的要求，由承包人分别与农民工、施工班组或劳务派遣公司签订用工合同、施工合同或劳务派遣合同，项目农民工管理实施办法应在合同中得到充分体现。

(4) 建立质量安全承诺制，承包人必须与施工队和农民工对即将施工的工程，签订永久性质量、安全目标责任书。

5.1.3 培训机制建设

根据国家相关规定，结合工程建设实际，针对各分项工程要求、施工队和施工人员技术要求，有针对性开展培训。

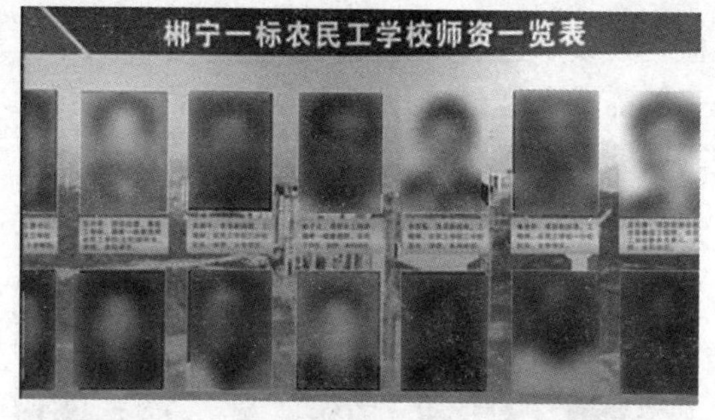

（1）由各承包人根据项目建设情况和施工进展，建立培训机构，制订培训计划，明确培训重点，开展培训活动。

（2）各承包人建立农民工培训学校，学校有管理人员，有单独的教室，有教学计划，有授课人员，定期对农民工进行培训教育。

（3）在农民工进场之初，根据各分项工程实际和各施工队伍具体情况，有针对性开展专业培训；在施工期间的每天开工前进行各类技术交底。

（4）业主、监理处或承包人负责人与农民工进行座谈、走访及其他互动活动，了解农民工的需求，掌握农民工管理一手资料，督促农民工维护自身权益，服从管理，服务工程建设。

（5）现场培训。定期组织各类专业演练活动、技术比武活动及其他现场培训活动，提高农民工的实际操作能力。

5.1.4　安全管理机制

建立提高全员安全意识、强化全员安全责任、落实全员安全措施的管理机制，努力建设"平安工地"。

（1）安全管理机制的建立与完善。包括安全管理制度的建立、安全责任制的落实、专项安全资金的落实、安全生产检查与考核、安全奖励机制的建设、施工队安全承诺制的建立等。

（2）农民工安全教育与培训。施工队必须掌握工程安全生产要点后才能

施工。农民工必须接受安全教育培训后才能上岗，老员工定期培训，新员工随时培训。通过安全专题手册、宣传栏、警示图片、醒目标志等营造宣传氛围，提高安全意识。

(3) 保证安全交底到人到位。对于项目建设过程中各类安全生产规范和责任全面进行落实，组织农民工在农民工学校系统开展安全教育与培训，每天施工前做好安全交底。

(4) 坚持经常性的全面、细致、严格的安全生产检查，排查安全生产隐患，奖优罚劣，增强农民工遵守安全规程的自觉性。

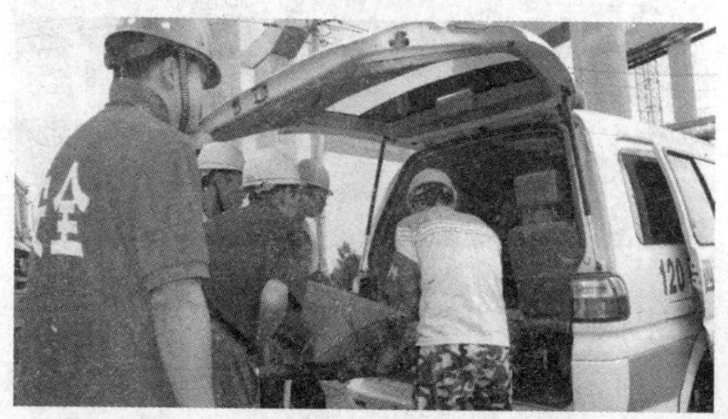

(5) 组织安全生产事故应急演练及其他相关演练，提高农民工应对安全事故的能力。

5.1.5 生产技术管理

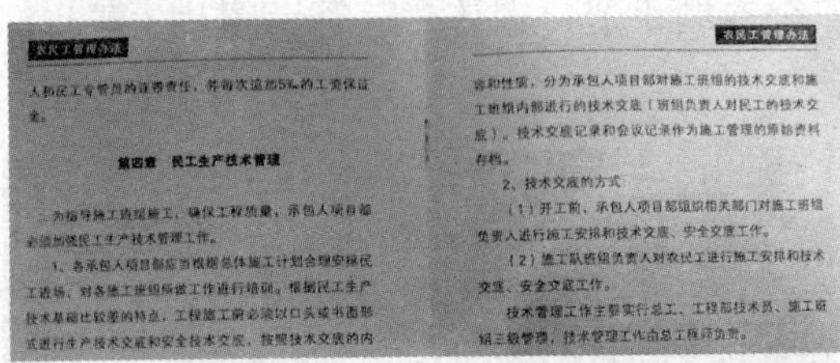

农民工管理办法

人和民工专管员的连带责任，并每次追加5%的工资保证金。

第四章 民工生产技术管理

为指导施工班组施工，确保工程质量，承包人项目部必须加强民工生产技术管理工作。

1、各承包人项目部应当根据总体施工计划合理安排民工进场，对各施工班组所做工作进行培训。根据民工生产技术基础比较差的特点，工程施工前必须以口头或书面形式进行生产技术交底和安全技术交底，按照技术交底的内

农民工管理办法

容和性质，分为承包人项目部对施工班组的技术交底和施工班组内部进行的技术交底（班组负责人对民工的技术交底）。技术交底记录和会议记录作为施工管理的原始资料存档。

2、技术交底的方式

（1）开工前，承包人项目部组织相关部门对施工班组负责人进行施工安排和技术交底、安全交底工作。

（2）施工队班组负责人对农民工进行施工安排和技术交底、安全交底工作。

技术管理工作主要实行总工、工程部技术员、施工班组三级管理，技术管理工作由总工程师负责。

（1）生产技术管理机制的建立与完善。包括生产技术管理制度的建立、施工队及农民工生产技术责任制的落实、农民工工程质量落实的检查、考核及奖惩机制的建立、施工队质量承诺制的建立等。

（2）农民工生产技术教育与培训。农民工必须接受生产技术教育培训后才能上岗，施工队伍必须掌握项目技术要求后才能施工。通过技术手册、宣传栏、警示图片、醒目标志等营造宣传氛围，提高生产技术意识。

（3）保证生产到人到位。开工前，对施工队负责人进行技术交底。各施工队在分项工程施工前，由承包人技术管理人员或施工队负责人组织农民工进行系统技术交底；每天施工前由施工队负责人组织农民工对前一天生产技术进行总结，对当前施工技术要求进行落实。

（4）根据工程施工要求和施工队、农民工的实际情况，在农民工学校组织专题技术培训。

（5）组织农民工开展施工，提高其生产积极性和生产技术水平。

（6）坚持组织对施工队和农民工开展经常性和临时性的生产技术专题检查评比活动。

（7）对施工队和农民工奖励罚劣，对于不合格工程坚决返工、整顿，给予经济处罚；对创造样板工程、竞赛优胜或表现优秀的施工队和农民工给予奖励。

5.1.6 工资管理

（1）各承包人必须制定《农民工工资支付办法》，并根据自身实际情况有针对性地完善具体支付办法。

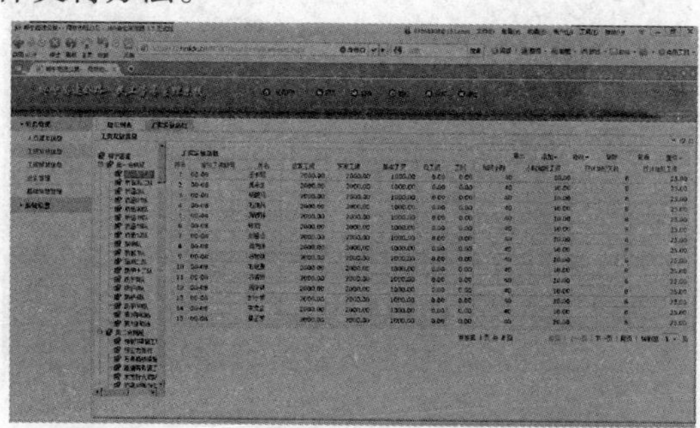

(2) 在全线建立农民工，包括全线各承包人农民工及施工队农民工工资标准、已发情况、欠发数量等。

(3) 承包人开工前必须按标准及时缴纳农民工工资保障金，打入指定账户，交由业主管理。

(4) 在农民工，由业主、监理处对承包人工资情况进行审核，由承包人对施工队工资情况进行审核。严格将农民工工资与工程款进行区分与剥离，防止施工队、承包人利用农民工工资问题做文章。

(5) 各承包人应对其全部农民工都完成工资审核程序后，每月在规定时间内及时发放农民工工资，各施工队农民工工资必须由项目部直接发放到每个农民工指定的工资卡上。

(6) 对于推迟发放农民工工资两个月以上的承包人，业主直接对其停止支付计量款。

(7) 对于拖欠农民工工资造成不良影响的，追究相关单位和人员的责任，并对承包人每次追加0.5%的工资保证金。

5.1.7 综合管理

(1) 加强施工队驻地建设，确保驻地安全、便利，在力所能及的情况下，尽量为农民工创造良好的生产生活环境。

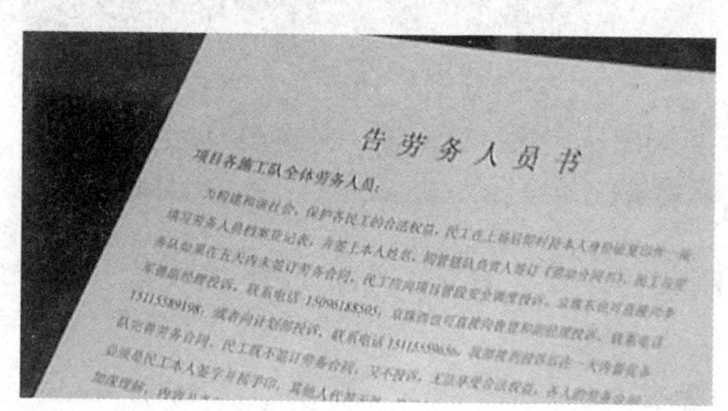

告劳务人员书

项目各施工队全体劳务人员：

(2) 建立农民工权利与义务告知制度，如印制《告劳务人员(农民工)书》，发放给农民工，告知其在高速公路上的基本权利与义务、维护农民工权益的途径等。

(3) 加强后勤管理，为施工队和农民工排忧解难，搞好防暑防寒工作。

(4) 有条件的承包人成立农民工党支部，发挥党组织的战斗堡垒作用和党员的先进模范作用。

(5) 组织农民工开展篮球比赛、棋类比赛、文娱活动等，丰富其文化生活。

(6) 加强法制宣传、文化宣传，保护农民工权益，维护农民工尊严，营造良好的农民工生存环境。

5.1.8 退场管理

(1) 彻底进行农民工工资结算与审核清查，保证农民工工资全部结算、发放到位。

(2) 及时完成工程结算，保证农民工队伍能够顺利退场。

(3) 严格结算手续完毕后，承包人必须与施工队分别签订确认书，确认工程款、农民工工资已经结算完毕；承包人与施工队分别与所有农民工签订确认书，确认农民工工资已经全部结算完毕。

(4) 对于退场期间反映的施工队工程款结算、农民工工资结算问题，业主应组织监理处、承包人、施工队进行调查处理，及时给予答复和解决。

(5) 对于即将退场的施工队和农民工，对其在施工期间遗留的经济往来和其他问题进行调查了解，没有解决的督促其解决。在确认其没有留下遗留问题后，进行签字确认。

5.2 高速公路农民工管理系统

湖南高速部分项目公司为保障项目参建农民工合法权益，建立了农民工信息管理系统。例如：

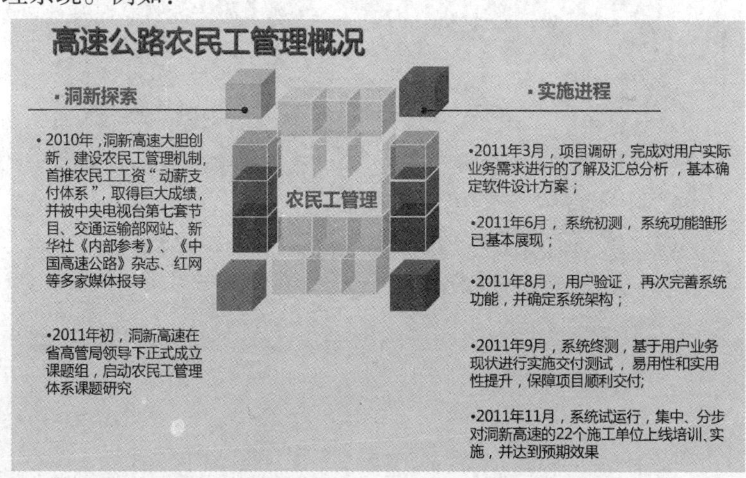

农民工工资管理办公室职责

一、根据项目施工需要，合理安排、组织农民工进场，遵照国家《劳动法》、《工资支付暂行条例》做好农民工合同签订工作。

二、及时采集进场农民工相关信息资料（包括身份信息资料）、合同信息资料，录入“农民工人力资源管理系统”进行信息化管理。

三、按照《项目公司农民工工资支付办法（试行）》做好各队伍工资支付工作。遵照《项目公司财务工作、农民工工资精细化目标管理考核办法（试行）》接受业主考核。

四、根据农民工进场情况，及时为农民工办理“动薪卡”。

五、按时发放农民工工资，同时将农民工工资结算、支付情况及时录入“农民工人力资源管理系统”，定期更新。

六、做好施工队伍农民工进场退场档案信息管理工作，接受业主、 监理处监管。

七、接受并处理农民工工资纠纷投诉，及时上报投诉处理表。

组织施工单位管理人员参加农民工人力资源管理系统培训

农民工管理系统设计方案

易用性、实用性、开放性、安全性原则

- 规范工作流程与工资支付体系、实现合规管控
- 统一业务处理流程、实时监控农民工工资发放
- 满足施工现场管理要求、实现工资支付与财务系统一体化集成应用
- 提供领导决策支持与风险防范工具

整体规划、分步实现

- **第一阶段：实现一线施工单位信息化、标准化管理，统一农民工管理流程、提高管理效率，提供领导决策依据**
- **第二阶段：实现上级监管单位数据集中，汇总统计分析，集中监管等目标**
- **第三阶段：优化管理流程、实现精细化管理，实现农民工自助查询**

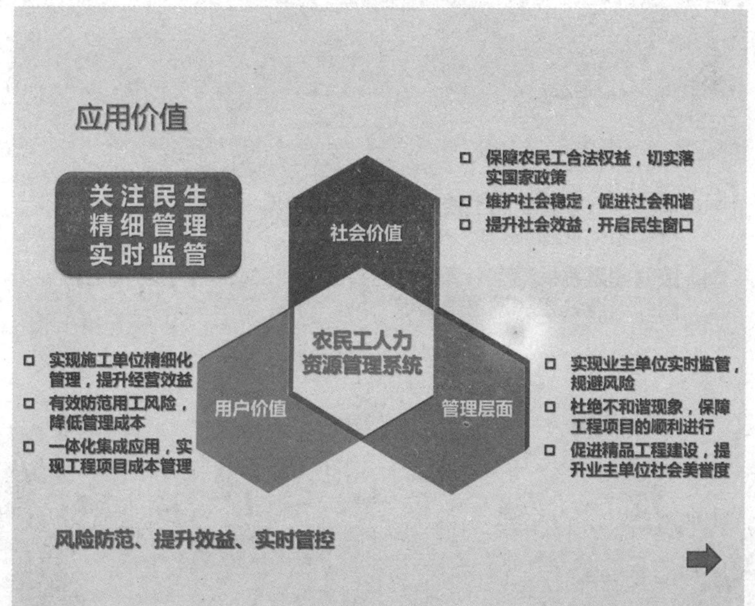

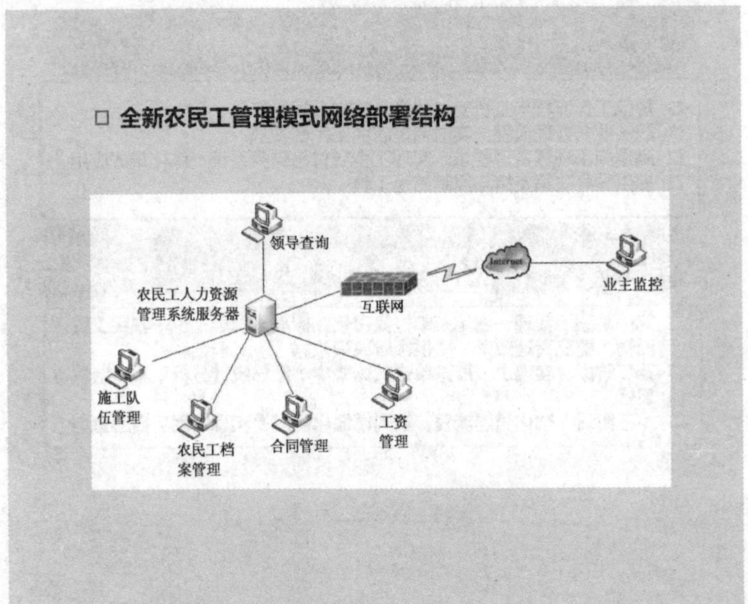

□ 制订了一整套农民工管理制度和管理流程,并融合系统软件进行信息化管理

□ 该管理系统采用了一套全新的农民工管理模式，能够满足新时期高速公路建设管理需求

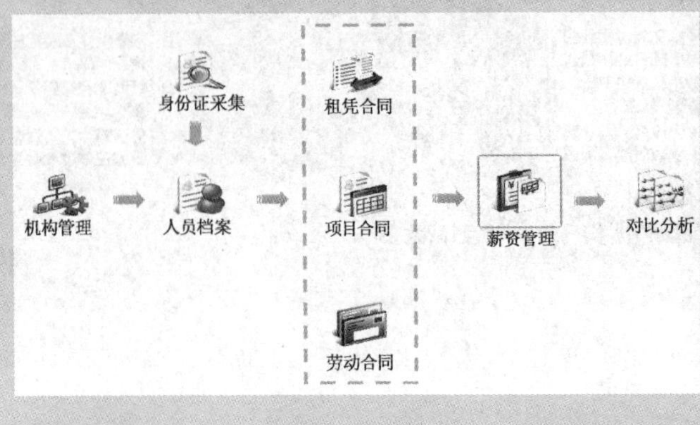

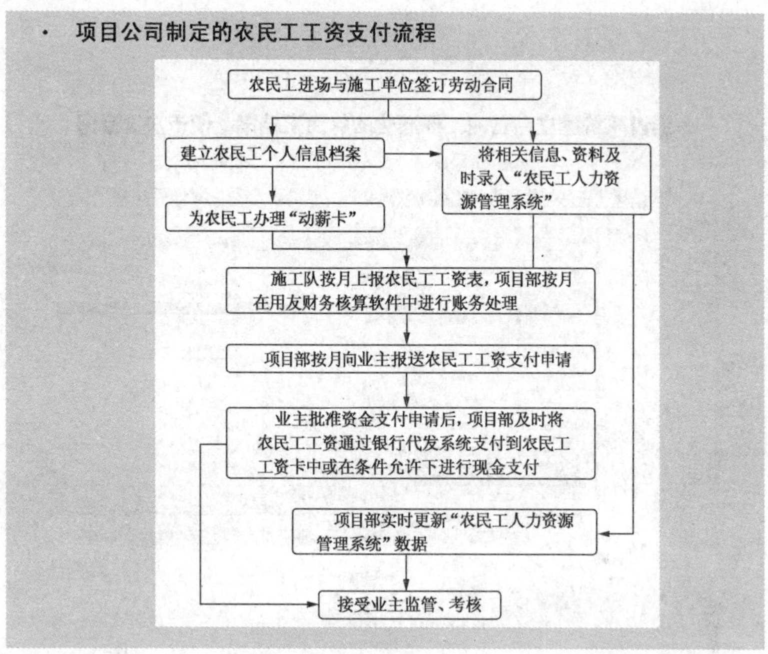
· 项目公司制定的农民工工资支付流程
农民工进场与施工单位签订劳动合同
建立农民工个人信息档案
将相关信息、资料及时录入"农民工人力资源管理系统"
为农民工办理"动薪卡"
施工队按月上报农民工工资表，项目部按月在用友财务核算软件中进行账务处理
项目部按月向业主报送农民工工资支付申请
业主批准资金支付申请后，项目部及时将农民工工资通过银行代发系统支付到农民工工资卡中或在条件允许下进行现金支付
项目部实时更新"农民工人力资源管理系统"数据
接受业主监管、考核

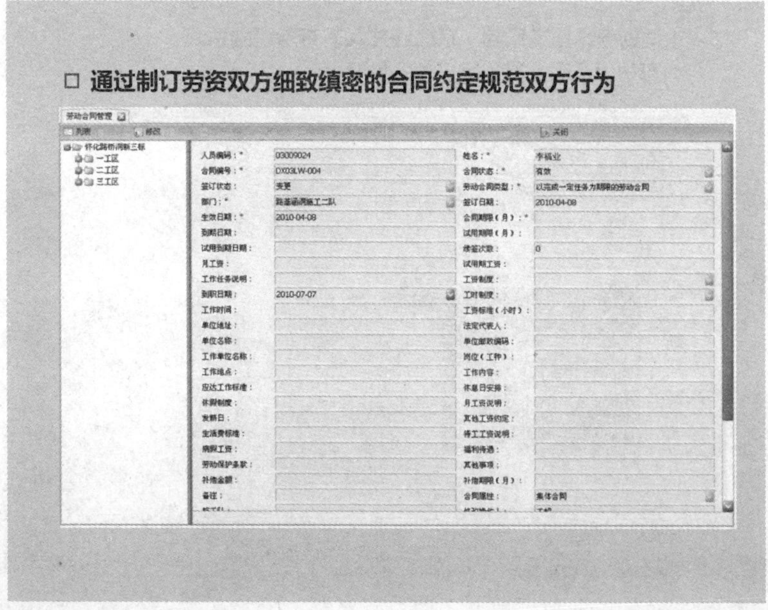
□ 通过制订劳资双方细致缜密的合同约定规范双方行为
劳动合同管理
一工区
二工区
三工区
人员编码：* 03009024
合同编号：* DX03LW-004
签订状态：
部门：*
生效日期：* 2010-04-08
到期日期：
月工资：
工作任务说明：
2010-07-07
工作时间：
单位地址：
单位名称：
工作单位名称：
工作地点：
应达工作标准：
发薪日：
生活费标准：
病假工资：
劳动保护条款：
补偿金额：
备注：
姓名：* 李福业
合同状态：* 有效
劳动合同类型：* 以完成一定任务为期限的劳动合同
签订日期：2010-04-08
合同期限（月）：*
试用期限（月）：
续签次数：0
试用期工资：
工资制度：
工时制度：
工资标准（小时）：
法定代表人：
单位邮政编码：
岗位（工种）：
工作内容：
休息日安排：
月工资说明：
其他工资约定：
待工工资说明：
福利待遇：
其他事项：
补偿期限（月）：
合同属性：集体合同

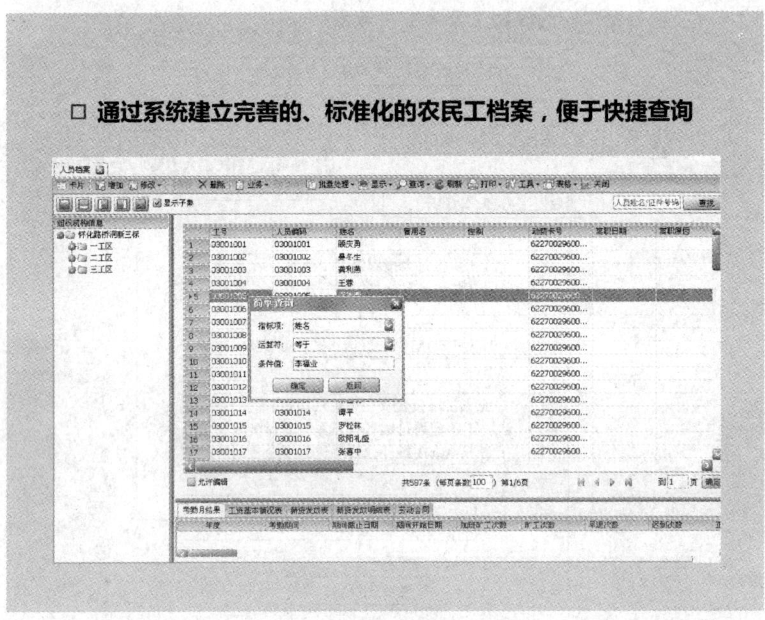
□ 通过系统建立完善的、标准化的农民工档案，便于快捷查询

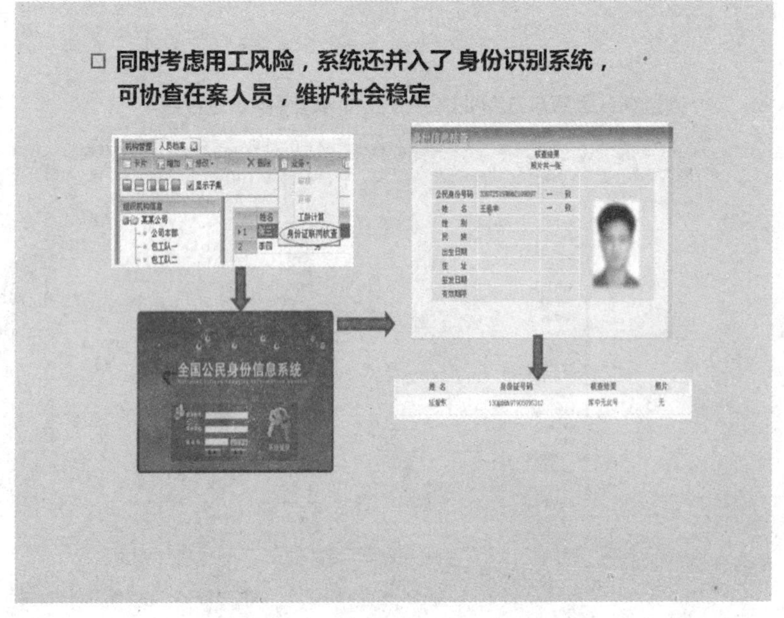
□ 同时考虑用工风险，系统还并入了身份识别系统，
可协查在案人员，维护社会稳定
全国公民身份信息系统

□ **通过调阅合同及系统档案，可快速判断劳资纠纷双方违约情况**

农民工人力资源管理系统不仅提供工资发放处理，还包括对发放过程相关视频、图片资料的留存，如发放时的监控录像资料、发放过程照片资料的保存。

□ **对农民工人力资源进行优化配置**

□ **系统支持农民工工作记录、履约记录等档案录入，作为工资支付依据**

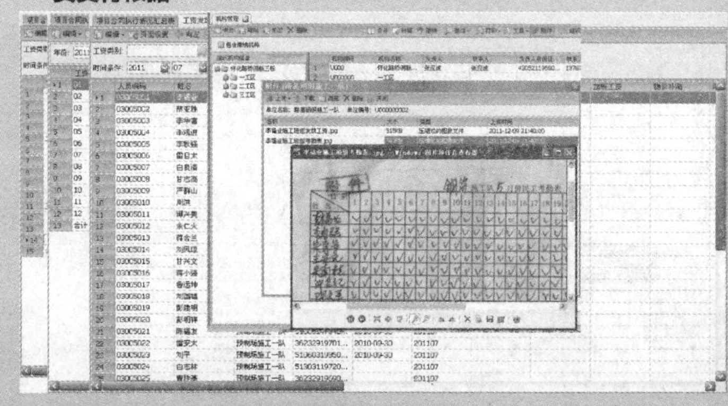

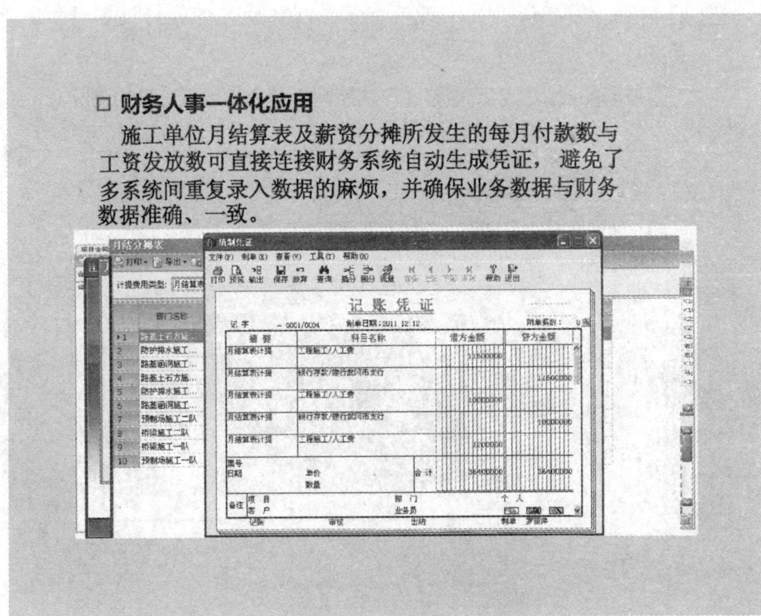

□ **帮助施工单位及业主单位实时统计，为领导决策提供一整套数据**

□ **通过管理制度规范施工单位行为，执行标准化管理流程对农民工进行有效力管理**

制订《农民工人力资源管理系统工作规范》，规定农民工管理工作细则及工作流程；

通过与施工单位签定《农民工管理合同》、《农民工管理目标责任书》，督促施工单位执行；

通过《精细化管理目标考核办法》，对施工单位执行情况进行评价考核

□ **一旦发生突发事件，通过系统能够迅速查询到事件当事人的各种档案资料、支付记录及依据，通过查询得出的资料能够帮助上级监管机关对事件性质做出判断，便于快速和谐地解决事件**

发生突发事件时查询步骤：

1. 查询当事人农民工档案资料、个人信息；
2. 查询当事人合同资料；
3. 查询当事人历史支付资料；
4. 查询当事人工资支付时段音视频资料；
5. 监管机构通过查询到的资料及依据对事件的性质做出判断。

参考文献

[1] 中华人民共和国国务院新闻办公室. 中国的反腐败和廉政建设. 北京: 人民出版社, 2010.

[2] 黄义英, 秦馨. 廉政、廉政文化和廉政文化建设的理论内涵. 前沿, 2010(9).

[3] 周易·贲卦. 北京: 中华书局, 2001.

[4] 钱穆. 文化学大义. 台北: 台北正中书局, 1952.

[5] 丹尼·斯贝尔. 资本主义文化矛盾. 赵一凡, 等, 译. 北京: 三联书店, 1989: 24, 58.

[6] 胡伟. 腐败文化透视与廉政文化建设. 香港大公报, 2001-03-25.

[7] 雷蒙·威廉斯. 文化分析//罗钢, 刘象愚. 文化研究读本. 北京: 中国社会科学出版社, 2000: 125.

[8] 佛雷德里克·杰姆逊. 后现代主义与文化理论. 唐小兵, 译. 西安: 陕西师范大学出版社, 1986: 2.

[9] 黄明哲, 刘光峰. 廉政文化建设论纲. 武汉理工大学学报: 社会科学版, 2005(6).

[10] 张孟英, 刘永丰. 廉政文化及其作用机理. 西南民族大学学报: 人文社科版, 2005(12).

[11] 宜家骥. 多目标决策. 长沙: 湖南科学技术出版社, 1999.

[12] 国防系统管理学院. 系统工程管理指南. 周宏佐, 曹纯, 陆镛, 邵德生, 卿寿松, 译. 北京: 国防工业出版社, 1991.

[13] 李玉才. 质量监控原理与实践. 长沙: 湖南科学技术出版社, 1996.

[14] 李本兴. 质量管理咨询实用指导手册. 北京: 机械工业出版社, 1990.

[15] 张玉党. 企业廉政文化建设管理模式的探索(五). www.study365.cn.

[16] 郭炫灼. 我国证券投资基金管理公司内控体系现状及发展对策. 现代商业, 2007(30).